Robert Maier | Römisches Kochbuch

Robert Maier

Römisches Kochbuch

Rezepte für die moderne Küche

Reclam

Inhalt

Vorwort 11

EINLEITUNG

Was ist von der römischen Küche geblieben? 17
Besondere Zutaten und typisch Römisches 20
Moderne Zutaten 32
Der Preis für gutes Essen 40
Die römische Speisefolge 43
Die wichtigsten Quellen zu römischen Rezepten 46

REZEPTE

Kategorien – Schwierigkeitsgrad – Mengen- und Zeitangaben 51 ·
Ersatz für spezielle Zutataten 52

Potiones et humores – Getränke und Flüssiges

Vinum – Wein 53 · Mulsum – Honigwein 53 · Rosatum et viola-
tium – Rosen- und Veilchenwein 54 · De rosato – Rosenwein 55 ·
Rosatum sine rosa – Rosenwein ohne Rosen 55 · Vinum roratum –
Rosmarinwein 56 · De defruto, caroeno, sapa – Traubensirup 57 ·
De passo – Trockenbeerenmost oder -wein 57 · Conditum parado-
xum – Gewürzwein 58 · Lora optima – Tresterwein 59 · Posca –
Soldatenlimonade 60 · Vinum Familiae – Hauswein 60 · De
oleo liliaceo – Lilienöl 61 · De oleo roseo – Rosenöl 62 · De oleo
chamaemelino – Kamillenöl 62 · De rodomeli – Rosenhonig 63 ·
De hydromelli – Honigwasser 64 · De oenomelli – Weinhonig 64 ·
De diamoro – Brombeerhonig 65 · De embammate – Salatdres-
sing 66 · De senapi – Senf 67 · Laseratum – Lasersauce 67 ·
Cuminatum in ostrea et conchylia – Kümmelsauce für Austern und
andere Muscheln 68 · Oxygarum digestibilem – Essiggarum für
die Verdauung 69 · Ius frigidum Apicianum – Kalte Sauce nach
Apicius 70

Ut diu duret – Eingemachtes und Eingelegtes

Epityrum album, nigrum variumque sic facito – Eingelegte Oliven 71 ·
Olivae columbades – Eingelegte Oliven 72   · Olivae conditae –
Gewürzoliven 73   · Nigrarum Olivarum Composito – Schwarze
Oliven 73   · Uvae ut diu serventur – Damit sich die Trauben lange
halten 74   · Ut mala Cydonia diu serventur – Damit sich Quitten
lange halten 75   · Mora ut diu durent – Damit sich Maulbeeren
lange halten 75   · Rapae ut diu serventur – Damit sich Rüben lange
halten 76

Gustationes – Vorspeisen

Fleischlos

Gustum de cucurbitas – Vorspeise aus Kürbissen 77   · Patina de
cucurbitas – Kürbispfanne 78   · Herbae rusticae – Kräutersalat 79   ·
Gustum de praecoquis – Vorspeise aus Aprikosen 80 · Hypotrimma –
Kräuterkäse 81   · Patina urticarum calida et frigida – Warmes und
kaltes Brennnesselsoufflé 81   · Ova frixa – Spiegeleier mit Oenogarum 82   · Ova elixa – Hartgekochte Eier 83   · In ovis apalis –
Weichgekochte Eier 84

Mit Fisch

Patina Lucretiana – Lucretiuspfanne 85   · Patina de pisciculis –
Fischpfanne 86   · In omne genus conciliorum – Für alle Arten von
Schalentieren 87   · In mitulis – Miesmuscheln 88   · Locustam et
scillas – Langusten und Riesengarnelen 89

Mit Fleisch

Gustum de holeribus – Vorspeise aus Gemüse 90 · Omentata isicia –
Leberknödel in Wursthaut 91   · Cochleas – Weinbergschnecken 92

Mensae Primae – Hauptspeisen

Fleischlos

Tisanam farricam – Minestrone 93 · Aliter vice salsi – Statt Salzfisch 95 · Botellum sic facies – Eierwürstchen 96

Mit Fisch

Minutal marinum – Fischfrikassee 97 · Pisum Indicum – Erbsen auf
indische Art 98 · Patina solearum – Eine Art Schollenauflauf bzw.
Omelett mit Schollenfilets 99 · Patina soliarum – Eine Art Schollenauflauf bzw. Omelett mit Schollenfilets 100 · Pisces frixos – Gebratener Fisch 101 · Pisces inotogonon (1) – Fische mit Weinsauce 102 ·
Pisces inotogonon (2) – Fische in Weinsauce 103 · Mullos anethatos
sic facies – Meerbarben in Dillsauce 104 · Sarda farsilis – Gefüllter
Bonito 105 · Sardas sic facies – Bonito 107 · Ius in tinno – Thunfisch
in Sauce 108 · Pisces frixos – Gebratene Fische 109 · Pisces assos –
Gegrillte Fische 110 · In piscibus elixis – Gesottener Fisch mit
Sauce 111

Mit Fleisch

Pisam farsilem – Erbsenauflauf 112 · Conciclam Apicianam – Erbsentopf à la Apicius 114 · In anate – Ente 116 · Pullus conciclatus –
Hähnchen gefüllt mit Erbsentopf 117 · Pullum Numidicum – Numi-
disches Hähnchen 118 · Pullus Varianus – Hähnchen à la Varius 120 ·
Pullum Frontonianum – Hähnchen à la Fronto 121 · Pullus tractogala-
tus – Hähnchen im Milchbrei 121 · Pullus fusilis – Hähnchen mit
flüssiger Füllung 123 · Ofellas Apicianas – Schweinerollbraten à la
Apicius 124 · Assaturas – Marinade für Grillbraten 126 · Lumbuli –
Gefüllte Schweinelendchen 127 · Perna – Schinken in Ölteig 128 ·
Petasonem ex musteis – Vorderschinken mit Mostbrötchen 129 ·
In aprum assum iura ferventia – Gegrilltes Wildschwein mit heißer
Sauce 130 · Aliter in aprum assum iura ferventia – Gegrilltes
Wildschwein mit heißer Sauce auf andere Art 131 · Vitellina fricta –
Kalbsbraten 133 · In vitulinam elixam – Gekochtes Kalbfleisch 134 ·
Haedinam sive agninam excaldatam – Gedünstetes Zicklein oder
Lamm auf andere Art 135 · Vulvulae esiciatae – Fleischwürste 136 ·

Lucanicae – Lukanische Würstchen 137 · Et sicium – Hackbraten 139 ·
Isicia omentata – Fleischklöße in Wursthaut 140 · Ofellas Ostienses –
Marinierter Schweinekrustenbraten 141 · Ius in elixam omnem –
Gekochtes Fleisch mit Sauce 142 · Ius in elixam – Gekochtes Fleisch
mit Sauce 143 · Ius in copadiis – Koteletts mit Sauce 144 · Porcellum
hortolanum – Gartenspanferkel 146 · Porcellum coriandratum –
Spanferkel mit Koriandersauce 148 · Haedus sive agnus crudus –
Zicklein oder Lamm roh zubereitet 149 · Agnum simplicem – Ein-
faches Lamm (gekocht) 150 · Leporem farsum – Gefüllter Hase 151 ·
Leporem conditum – Hase mit würziger Sauce 152

Pulmentaria – Beilagen

Fleischlos

Panis depsticius – Knetbrot 154 · Cucurbitas more Alexandrino –
Kürbisse auf alexandrinische Art 155 · Aliter cucumeres – Gurken-
salat auf andere Art 156 · Cymas – Brokkoli, Blumenkohl oder
Rosenkohl 157 · Culiculi elixati – Kleine gekochte Kohlköpfe 158 ·
Aliter olus molle – Weiches Gemüse auf andere Art 160 · Intuba –
Endivien 161 · Caroetae frictae – Gebratene Karotten 161 · Aliter
caroetas (1) – Karottensalat 162 · Aliter caroetas (2) – Karotten in
Kümmelöl 163 · Pulmentarium ad ventrem – Beilage für die Verdau-
ung 164 · Aliter tisanam – Minestrone 164 · Fabaciae virides et
Baianae – Grüne Dicke Bohnen (Puffbohnen) bzw. Bajanische Bohnen
166 · Faseoli virides et cicer – Bohnen- bzw. Kichererbsensalat 166 ·
Porros maturos fieri – Zubereitung von reifem Lauch 167 · Aliter
porros (1) – Lauch mit Pflaumen 168 · Aliter porros (2) – Lauch mit
Waldbeeren 169 · Betas – Rote Beten 169 · Aliter betas elixas –
Gekochte Rote Beten auf andere Art 170 · Patella ex olisatro –
Schwarzkohlpfanne 171 · Lenticulam de castaneis – Linsen mit
Kastanien 172 · Aliter lenticulam – Linsen auf andere Art 173 ·
Pisum – Erbsen 174 · Bulbos – Gemüsezwiebeln 175 · Aliter Bul-
bos – Gemüsezwiebeln auf andere Art 176 · Boletos fungos – Cham-
pignons 177 · Boletos aliter (1) – Champignons auf andere Art 178 ·
Boletos aliter (2) – Champignons auf andere Art 179 · Tubera –
Trüffel 179 · Cucurbitas iure colocasiorum – Kürbisse nach Art von

Lotuswurzeln 181 · In colocasio – Lotuswurzel 182 · Granea triticea –
Weizenmilchbrei 183 · Aliter faseolus sive cicer – Augenbohnen oder
Kichererbsen auf andere Art 184 · Patina – Soufflé 185 · Patina de
asparagis – Spargelauflauf 186 · Patina de sambuco calida et frigida –
Holunderbeerenomelett 187 · Concicla Commodiana – Erbsentopf
à la Commodus 188

Mit Fisch

Lenticulam ex sfondilos – Linsen mit Lazarusklappern 189 · Sarda ita
fit – Bonito 190

Mit Fleisch

Aliter cucumeres rasos – Geschälte Gurken auf andere Art 191 · Patina
Apiciana – Lasagne à la Apicius 192 · Minutal Terentinum – Frikassee
à la Terenz 194 · Minutal Matianum – Frikassee à la Matius 196 ·
Minutal dulce ex citriis – Süßes Frikassee mit Zitronatzitronen 197 ·
Minutal ex praecoquis – Frikassee mit Aprikosen 199

Mensae Secundae – Nachspeisen

Dulcia domestica – Gefüllte Datteln 201 · Pepones et melones – Me-
lonensalat 202 · Citrium – Zitronatzitrone 203 · Patina de Persicis
– Pfirsichpfanne 204 · Patina de Cidoneis – Quittenauflauf 205 ·
De Cydonite – Quittenkonfitüre 205 · Aliter (De Cydonite) – Auf
andere Art: Quittengelee 206 · Globulos sic facito – Dinkel-Käse-
Krapfen 207 · Savillum sic facito – Käseauflauf 208 · Pultem
Punicam sic facito Punischer Brei 209 · Dulcia (1) – Süße Weißbrot-
häppchen 209 · Dulcia (2) – Frittierte Weißbrotstückchen 210 ·
Dulcia (3) – Römische Crescentine 211 · Tiropatina – Eierpud-
ding 212 · Ova sfongia ex lacte – Omelett 213 · Patina versatilis –
Gestürzter Auflauf 214 · Patina de piris – Birnensoufflé 215

Opera pistoria – Gebäck

Libum – Käsefladen 217 · Amulum – Pudding 218 · Placentam /
Scriblitam sic facito – Käse-Honig-Kuchen / Käsekuchen 219 ·

Spiram sic facito – Zopfkuchen 220 · Encytum sic facito –
Striebele 221 · Panis Picentinus – Pizentinisches Brot 222 ·
Mustacei – Mostbrötchen 223

Fercula – Menüvorschläge

Cena I – Menü 1 (vegan) 225 · Cena II – Menü 2 (fleischlos) 226 ·
Cena III – Menü 3 (mit Fisch) 226 · Cena IV – Menü 4 (mit Fisch) 227 ·
Cena V – Menü 5 (mit Fleisch) 228 · Cena VI – Menü 6
(mit Fleisch) 229 · Cena VII – Menü 7 (mit Fleisch) 230

ANHANG

Anmerkungen 233
Weiterführende Literatur zur römischen Küche 240
Rezeptverzeichnis 241
Register 245

Vorwort

Wir kennen die Geheimnisse der römischen Kochkunst aus zahlreichen Quellen relativ genau. Die wichtigste ist natürlich das römische Kochbuch des Apicius, bei dem es sich zugleich um das älteste vollständig überlieferte Kochbuch handelt. Es wurde wahrscheinlich im 3. oder 4. Jahrhundert n. Chr. unter dem Namen des berühmten Gourmets, Rezepterfinders und Veranstalters extravaganter Kochevents Marcus Gavius Apicius, eines Zeitgenossen von Kaiser Tiberius, zusammengestellt und veröffentlicht, geht aber zweifellos auf ältere Rezeptsammlungen, möglicherweise sogar auf ein oder mehrere Werke von Apicius selbst zurück. Von diesem ersten und umfangreichsten lateinischen Kochbuch sind zwei Abschriften aus dem 9. Jahrhundert erhalten geblieben. Eine davon befindet sich in den Vatikanischen Bibliotheken, die andere in der Manuskriptsammlung der *New York Academy of Medicine*. Wenn hier vom »römischen Kochbuch« die Rede ist, ist diese Abschrift von Apicius gemeint.

Bereits einige Jahrhunderte vor Apicius hatte Cato der Ältere für sein Landwirtschaftslehrbuch *De agri cultura* einige Rezepte zusammengestellt. Viele andere Stellen der römischen Literatur klären uns über die beliebtesten Leckerbissen, die Tischsitten, verwendete Zutaten usw. auf, so dass wir uns von den Speisen im alten Rom ein ziemlich genaues Bild machen können. Dennoch müssen wir, um auf den echten römischen Geschmack zu kommen, uns selbst in der Küche betätigen und versuchen, die originalen Rezepte nachzukochen. Dass wir dazu moderne Hilfsmittel benutzen können, vereinfacht die Sache erheblich. Lediglich den Mörser benötigen wir gelegentlich zur Vorbereitung von Gewürzmischungen für die Saucen.

Eine gewisse Schwierigkeit ist, dass sich auf dem Gebiet der Nutzpflanzen und -tiere durch die unermüdliche Arbeit der Landwirte und ihre Erfolge bei der Zucht neuer Sorten bzw. Arten in den dazwischenliegenden Jahrhunderten so viel verändert hat, dass wir bei einigen Zutaten große Mühe hätten, sie in der Form zu beschaffen, die sie im kaiserzeitlichen Rom hatten. Hennen legen heute größere Eier, Kohlköpfe sind schwerer, Lauchstangen dicker, als sie es damals waren.

Viele Speisen und Zubereitungen haben sich aber offensichtlich bewährt, so dass wir sie auch in unserer Zeit noch ganz ähnlich zubereiten.

Natürlich fehlten in der römischen Küche einige Zutaten, die unseren Speisezettel erst seit der Entdeckung Amerikas bereichern, wie etwa die Kartoffel oder die Tomate, aber dieser Umstand wirkt sich auf die Vielfalt der römischen Küche kaum aus. Ein viel entscheidenderer Unterschied zwischen der römischen und der modernen europäischen Küche resultiert aus der Art der Verwendung bestimmter Zutaten: Zucker wurde im Rom der Kaiserzeit noch nicht zum Süßen benutzt. Stattdessen griff man zu Honig und Traubensirup. Mit Pfeffer, Liebstöckel, Koriander und Asant gingen die Römer wenig sparsam um und die Verwendung der römischen Fischsauce (oder ihrer modernen Entsprechungen) kostet uns eine gewisse Überwindung, obwohl wir uns mit allen diesen Zutaten über die asiatische Küche inzwischen fast wieder angefreundet haben.

Die hier vorgestellten Rezepte wurden in relativ enger Anlehnung an den originalen Rezepttext aufbereitet. Da Mengenangaben zu einem großen Teil fehlen, sollte man sich bei der genauen Dosierung der Gewürze ruhig durch seinen eigenen Geschmack leiten lassen. So kommt z. B. die häufig starke Pfeffernote nicht bei jedem gut an. Aus den wenigen Rezepten mit genauen Mengenangaben können wir aber ableiten, dass die Römer tatsächlich relativ scharf gewürzte Speisen auftischten. Auch das zum Salzen meist verwendete

Liquamen, das in den Mengenangaben in den Rezepten in diesem Buch durch die fast identisch hergestellte italienische *Colatura di Alici* ersetzt wurde, ist nicht jedermanns Sache. Man darf sie aber getrost durch eine entsprechende Menge Salz ersetzen.

Die Antike bleibt in jedem Fall ein interessantes Feld für kulinarische (Wieder-)Entdeckungen.

EINLEITUNG

WAS IST VON DER RÖMISCHEN KÜCHE GEBLIEBEN?

Auf der Suche nach Überbleibseln der römischen Kochkunst in Europa begegnet dem kulinarisch interessierten Italien-Urlauber vielleicht die eine oder andere lokale Spezialität, die auffallende Ähnlichkeit mit einem römischen Gericht hat. Natürlich kann diese Ähnlichkeit zufällig sein, manchmal jedoch findet man so deutliche Übereinstimmungen, dass man geneigt ist, dies nicht dem Zufall, sondern einer sich von den Köchen des Römischen Reiches bis heute fortsetzenden Tradition zuzuschreiben.

Colatura di Alici

In der Gegend von Sorrent und Amalfi, insbesondere in Cetara, wird unter der Bezeichnung *Colatura di Alici* heute noch eine Fischsauce hergestellt, die der Fischsauce, dem *Liquamen* oder *Garum* (S. 24 f.) der alten Römer ziemlich nahekommt.

Crescentine

In und um die Stadt Bologna, deren Kosename »La Grassa« (»die Fette«) auf eine reiche kulinarische Vielfalt und einen Hang zu üppigen Gerichten hinweist, gibt es Spezialitäten, deren ›Stammbäume‹ mittelalterliche und zum Teil sogar antike Vorfahren aufweisen. Dazu zählen zwei Mehlspeisen, deren Gemeinsamkeit darin besteht, dass beide in Öl bzw. Schmalz frittiert werden, nämlich *Crescentine* und *Sfrappole*.

Für die *Crescentine* wird ein fester Hefeteig aus Weizenmehl, Wasser und Milch hergestellt, in Quadrate geschnitten und in Schweineschmalz frittiert. Während des Frittierens blähen sie sich zu kleinen Teigtäschchen auf. Bei richtiger Zubereitung ist das Ergebnis mit dem im römischen Kochbuch als *Aliter dulcia* beschriebenen Gebäck (Apicius 7,13,6; S. 211) fast identisch. Während die moderne Version mit Käse, Salami und ähnlichen gesalzenen Beilagen serviert wird, bietet das römische Kochbuch eine süße Variante: die frittierten Teigtäschchen wurden mit Honig beträufelt. Dies entspricht eher den *Sfrappole*, die aus einem etwas modifizierten Eiernudelteig gemacht werden, der dünn ausgerollt, in Rechtecke geschnitten und in Fett oder Schmalz ausgebacken wird, bis die Stücke auf beiden Seiten goldgelb sind. Das Ergebnis sind sehr knusprige Teigstückchen, die vor dem Verzehr mit Puderzucker bestreut werden.

Lasagne

Einige Male tauchen zwischen den Auflaufrezepten des Apicius Rezepte auf, die stark an Lasagne erinnern (z. B. S. 192 f.). Sie bestehen aus Teigfladen, zwischen die verschiedene, mehr oder weniger flüssige Zubereitungen gegeben werden. Das Ganze wird dann im Ofen ausgebacken. Ein solcher Teigfladen heißt auf Lateinisch *Laganum*. Von diesem Wort leitet sich das italienische Wort *Lasagne* ab. In einigen mittelalterlichen Kochbüchern finden sich vergleichbare Gerichte.[1] Die Zubereitung der modernen Lasagne erfolgt genauso: schichtweise wird sie aus Nudelteigblättern und einer Hackfleischzubereitung aufgebaut.

Lukanische Würste

In Norditalien, speziell in der Region Trentino-Alto Adige, findet man eine Wurstsorte, die als *Luganega* oder auch *Lucanica* bekannt ist. Die traditionellen Rezepte der *Luganega* sind von Ort zu Ort sehr verschieden und reichen von einer Wurst, die der Salami ähnelt, bis zu einer Art Bratwurst. Stellenweise wird sie sogar gebraten, ohne in eine Wursthaut gefüllt worden zu sein. Die *Luganega* oder *Lucanica* geht auf die schon bei

Apicius erwähnten *Lucanicae* – Lukanische Würste (S. 137) – zurück, die aber eigentlich nicht aus Norditalien, sondern aus der heutigen Region Basilikata, dem alten Lukanien, stammen. Auch dort zählt diese Sorte Wurst unter der Bezeichnung *(Salsiccia) Lucanica* immer noch zu den regionalen Spezialitäten. Der römische Gelehrte Varro wusste in seinem Werk *De Lingua Latina* zu berichten, dass römische Soldaten die *Lukanischen Würste* von den Lukanern kennengelernt und in Rom populär gemacht hatten.[2] Man findet Wurstspezialitäten unter demselben Namen auch außerhalb Italiens, nämlich als *Loukanika* in Griechenland und als *Lukanka* in Bulgarien.

Rosinenwein

In Italien existieren heute noch Weine, die als *Vino Passito* bezeichnet werden. Wenn wir uns die Herstellung dieser Weine genauer anschauen, stellen wir fest, dass viele auf ganz ähnliche Weise entstehen wie das in den Rezepten des römischen Kochbuches oft genannte *passum* (S. 27). Besonders die traditionellen Herstellungsverfahren für *Vin Santo Toscano* entsprechen denen des *passum* in verblüffender Weise: Man lässt die Trauben nach der Lese in Trockenregalen mit Böden aus Schilf eintrocknen. Wenn der Wassergehalt der Trauben ausreichend abgenommen hat, werden sie in einem sehr schonenden Verfahren gekeltert, wodurch man einen sehr süßen Most erhält. Dieser wird dann zu einem starken und mitunter recht süßen Dessertwein vergoren. Vom römischen Landwirtschaftsschriftsteller Columella, der im 1. Jahrhundert n. Chr. lebte, kennen wir eine Beschreibung der Herstellung von *passum*, die mit der modernen Methode fast identisch ist.[3]

Salatdressing

Das moderne, einfache Salatdressing mit Öl, Essig und Salz findet sich im römischen Kochbuch sowohl in dieser als auch in sehr ähnlichen Varianten.

BESONDERE ZUTATEN UND TYPISCH RÖMISCHES

Einige Zutaten sind typisch für die römische Küche und tauchen immer wieder in den antiken Rezepten auf, wie etwa der Pfeffer, andere kennen wir praktisch nur vom Hörensagen wie z. B. die Zitronatzitrone. An den römischen Rezepten fallen uns vor allem zwei Dinge auf:

1. Es herrscht eine gewisse Vorliebe für kräftige süß-sauerscharfe Gewürzkombinationen.

2. Die Vielfalt der verwendeten Gewürze ist wesentlich größer als in unserer eigenen klassischen Küche.

Damit ist der römischen Küche eine gewisse Ähnlichkeit zur indischen Küche nicht abzusprechen, und es ist wohl tatsächlich so, dass die römische Haute Cuisine gerne Anregungen aus der orientalischen Küche aufnahm. Ein Beispiel dafür sind die als »alexandrinisch« bezeichneten süß-sauren Saucen mit Trockenpflaumen oder Rosinen (S. 152 f.).

Einige dieser Zutaten sind – in alphabetischer Reihenfolge:

Pflanzen:

Alica – Dinkel

alica wird nach Plinius dem Älteren aus *zea*, nämlich Dinkel bzw. Spelt, hergestellt (*Naturalis Historia* 18,112). In der heutigen Küche können wir statt *alica* Dinkelmehl verwenden.

Cepae, cepulae, bulbi – Zwiebeln

Die Speisezwiebel ist mit dem Lauch eng verwandt und eine sehr alte Kulturpflanze. In römischen Rezepten ist sie eine häufig anzutreffende Zutat, wobei verschiedene Zwiebelarten Verwendung finden, etwa die normale Speisezwiebel, die Schalotte, die Gemüsezwiebel, in einem Rezept stoßen wir sogar auf eine Zubereitung von Schnittlauchzwiebeln, also der Wurzeln/Knollen des Schnittlauchs (S. 85).

Citrium – Zitronatzitrone

Als einzigen Vertreter der Zitrusfrüchte kannten die Römer die Zitronatzitrone (*Citrus medica L.*[4]). Diese wurde bereits von Theophrast beschrieben und gelangte wohl zum ersten Mal mit dem Heer Alexanders des Großen nach Europa. Außerhalb Siziliens, wo sie zur Erntezeit fast an jeder Straßenecke angeboten wird, ist sie immer noch schwer erhältlich und relativ teuer. Inzwischen wird sie aber von einigen Onlinehändlern angeboten, so dass prinzipiell die Möglichkeit besteht, die Rezepte, die Zitronatzitronen als Zutat erfordern, einmal auszuprobieren. In Mittel- und Nordeuropa kennt man sie bisher hauptsächlich in kandierter Form als Zitronat.

Zitronatzitronen sind wesentlich größer als Limonen und außen etwas dunkler gefärbt. Das limonenartige Innere ist von einer 2–3 cm dicken Schicht weißen Fruchtfleisches umgeben, aus dem das Zitronat gemacht wird und das vom Geschmack her ein wenig an Gurke erinnert.

Colocasium – Lotuswurzel

Bei der aus der asiatischen Küche bekannten Lotuswurzel (*Nelumbo nucifera L.*) handelt es sich um das Rhizom, eine wurzelähnliche Knolle, der Indischen Lotusblume, einer Seerosenart. In den Wörterbüchern findet man als Übersetzung meist *Wurzel der indischen Wasserrose*. Plinius beschreibt sie kurz in seiner *Naturalis Historia* (21,87). Äußerlich haben die ungeschälten Lotuswurzeln Ähnlichkeit mit Kartoffeln. Apicius schlägt gelegentlich Kürbis als Ersatz dafür vor. Die Rezepte für *Colocasia* sind ein interessanter Beleg für die Verwandtschaft der kaiserzeitlichen römischen Küche mit der modernen ostasiatischen Küche.

Cucurbita – Flaschenkürbis

Die von den Römern verwendete Kürbisart ist der Flaschenkürbis (*Lagenaria siceraria*). Der heute gebräuchliche Gartenkürbis (*Cucurbita L.*) stammt aus Amerika. Dennoch passt auch der Gartenkürbis gut in die römischen Rezepte.

Cyperum – Erdmandel

Die Erdmandel (*Cyperus esculentus L.*) gehört zu den Zypergräsern und ist im Mittelmeerraum heimisch. Wie der deutsche Name schon verrät, besitzt diese Grasart essbare, mandelähnlich schmeckende Knollen. Bei Apicius wird sie einige Male als Zutat erwähnt. Erdmandeln sind inzwischen im Onlinehandel erhältlich.

Dactyli / Cariotae – Datteln

Datteln spielten in der römischen Küche eine gewisse Rolle, obwohl sie immer Importware blieben. Innerhalb von Italien gab und gibt es lediglich in Sizilien Dattelpalmen, deren Früchte ausreifen. Im Kochbuch des Apicius finden wir häufig den Begriff *caryota*, der anscheinend sowohl eine spezielle Dattelart als auch eine Flüssigkeit zu bezeichnen scheint. Wahrscheinlich handelt es sich dabei um Dattelsirup oder Dattelwein. Die Interpretation, dass damit Dattelhonig oder Palmhonig gemeint sein könne, erscheint nicht plausibel. Palmhonig wird ähnlich wie Ahornsirup aus dem Saft bestimmter Palmarten gewonnen und ist heute eine Spezialität der Kanarischen Inseln. Es ist aber unwahrscheinlich, dass ein solches Produkt zu römischer Zeit bereits im Handel war.

In der römischen Küche taucht öfters die Kombination von Pinienkernen mit Datteln oder Pflaumen auf. Im Mittelalter findet sich dafür oft die Bezeichnung »nach Sarrazenenart«.

Es handelte sich also wohl um Rezepte orientalischen Ursprungs.

Faba und Faseolus – Bohnen

Da die Römer die aus Amerika eingeführten Arten noch nicht kannten, muss man sich beim originalgetreuen Nachkochen natürlich auf Arten beschränken, die in Europa heimisch sind. Das sind im Wesentlichen die Dicke Bohne oder Saubohne (*Vicia faba L.*) sowie die Augenbohne oder auch Kuhbohne (*Vigna unguiculata L.*).

Fici / Caricae – Feigen

Feigenbäume sind aus Italien nicht wegzudenken. Ihre ursprüngliche Heimat liegt wahrscheinlich in Vorderasien. Die Feige wurde jedoch schon sehr früh im gesamten Mittelmeergebiet kultiviert. Auch im römischen Kochbuch wird sie mehrmals erwähnt. Bekannt ist die Anekdote, Cato habe, um den Senatoren zu verdeutlichen, wie kurz der Weg von Karthago nach Rom ist, frische Feigen im Senat gezeigt, die zwei Tage zuvor in Karthago gepflückt worden waren, und die Senatoren so dazu gebracht, dem Dritten Punischen Krieg zuzustimmen.[5]

Porrus – Lauch

Lauch war bei den Römern als Zutat sehr beliebt. Etwas zweifelhaft ist, ob er bei ihnen schon in der Form und Größe, die wir heute kennen, existierte. Vieles deutet darauf hin, dass eine Lauchstange viel kleiner war als der heute handelsübliche Lauch – wie sonst hätte man ganze Bündel Lauch hinzufügen sollen? Daher sollte man vielleicht eher zu den kleineren Lauchzwiebeln greifen, wenn man Wert auf eine sehr originalgetreue Wiedergabe legt.

Flüssige Zutaten:

Defrutum, caroenum, sapa – Traubensirup

Bei diesen drei Flüssigkeiten handelt es sich jeweils um unterschiedlich stark eingekochten Traubensaft, der als Traubensirup eine Alternative zum Süßen der Speisen darstellte. Da es im Deutschen keine speziellen Bezeichnungen für die einzelnen Qualitäten dieses Sirups gibt, wurden in den Rezepten die ursprünglichen Bezeichnungen beibehalten. Die unterschiedlichen Konzentrationen sind folgende:

Caroenum: Traubensaft, der auf zwei Drittel eingekocht wird.

Sapa: auf etwa ein Drittel eingekochter Traubensaft.

Defrutum: Traubensaft, der so lange eingekocht wird, bis er zähflüssig wie Honig ist, also etwa auf ein Fünftel bis ein Sechstel.

Liquamen / Garum und Allec

Die in der Antike als *Garum* oder – bevorzugt bei Apicius – als *Liquamen* bezeichnete Sauce wurde aus kleinen Fischen, wahrscheinlich hauptsächlich Sardellen, hergestellt, wobei man diese sich mit Salz bzw. in stark salzhaltigem Wasser mehrere Wochen lang hat zersetzen lassen. In Bezug auf Rezeptur und Preisgestaltung waren den Herstellern kaum Grenzen gesetzt.

Zum antiken *Garum* gibt es mehrere moderne Alternativen. An der amalfitanischen Küste, speziell in dem malerischen Fischerort Cetara zwischen Amalfi und Salerno, wird noch heute eine ähnliche Würzsauce hergestellt, die als *Colatura di Alici* eine bekannte Spezialität dieser Gegend darstellt. Diese entspricht wohl am besten dem antiken *Garum*. Fast genauso hört sich das Herstellungsverfahren an, das am Ende der *Geoponika* beschrieben wird.[6] Leider ist es außerhalb von Italien, und selbst dort, nicht einfach, *Colatura di Alici* zu erhalten. Man findet sie inzwischen aber auch bei einigen Onlinehändlern.

Auch einige asiatische Fischsaucen sind dem antiken *Garum* sehr ähnlich, so ist z. B. das vietnamesische *Nuoc-Mam* ein guter *Liquamen*- oder *Garum*-Ersatz.

Das originale *Liquamen* muss sehr salzhaltig gewesen sein, da als Alternative oft Salz genannt wird. Man kann stattdessen, wenn man weder *Colatura di Alici* noch *Nuoc-Mam* bekommt oder verwenden will, durchaus Salz – am besten Meersalz – nehmen, auch wenn der typische Beigeschmack dann verlorengeht.

Garum bzw. *Liquamen* war im antiken Rom ein beliebter und in den ersten Jahrhunderten unserer Zeitrechnung in fast jedem Gericht verwendeter Salzersatz. Allerdings war es damit im 6. Jahrhundert vorbei. Zu dieser Zeit rät z. B. Anthimus in seinem Brief über gesunde Ernährung an Theoderich den Großen vom Gebrauch des *Liquamen* ab.

Als *Allec* bezeichneten die Römer eine Gewürzsauce, die genauso wie *Liquamen* gewonnen wurde. Es handelte sich nämlich um den Bodensatz des *Garum*, also um das, was beim Ausfiltern des *Liquamen* übrigblieb. *Allec* ähnelt der heutigen Sardellenpaste und kann beim Nachkochen römischer Gerichte durch diese ersetzt werden.

Mel – Honig

Da die Herstellung von Zucker noch nicht so weit entwickelt war, verwendeten die römischen Köche neben süßem Traubensirup fast ausschließlich Honig zum Süßen der Speisen. Das intensive Honigaroma gesüßter Speisen ist ein typisches Merkmal römischer Gerichte, während man seit dem Spätmittelalter den Zucker als neutralen Süßstoff bevorzugt. Noch heute ist die Vorliebe für Honig als Süßstoff in Süditalien zu spüren, wo viele traditionelle Süßspeisen mit Honig statt Zucker zubereitet werden.

Oenogarum

Hierbei handelt es sich im Prinzip um eine Mischung von *Garum* (*Colatura di Alici*) und Wein. Diese Mischung wurde durchaus auch mit weiteren Gewürzen gemischt. Besonders gut wird *Oenogarum*, wenn man 3 Teile Marsala und 1 Teil *Colatura di Alici* mit etwas Pfeffer, Liebstöckel, Koriander und Honig mischt.

Oleum – Olivenöl

Die Römer griffen beim Braten, Frittieren, Kochen und Anrichten von Speisen immer zu Olivenöl. Andere Öle oder Fette fanden in der Küche praktisch keine Verwendung.

Der Sage nach wurde der Ölbaum von der Göttin Athene geschaffen, die damit den Meeresgott Poseidon in einem Wettbewerb schlug, in dem es darum ging, wer die nützlichere Erfindung hervorbrächte (Poseidon habe bei dieser Gelegenheit eine Quelle sprudeln lassen oder soll das geflügelte Pferd Pegasus erschaffen haben, das aber nicht über den Status eines Prototyps hinauskam und später als Sternbild im Nachthimmel landete).

Bei Cato kam der Olivenhain in Bezug auf den Ertrag hinter dem Weingut auf Platz zwei und im Preisedikt von Diokletian hatten schwarze Oliven höchstens vier Denare pro Sextar (547 ml) zu kosten, was einem Preis von ungefähr 3 €/kg entsprechen dürfte, während Olivenöl bester Qualität bis zu 40 Denare pro Sextar, also etwa 22 €/l, kosten durfte. Man muss natürlich berücksichtigen, dass man in der Antike etwa 6–7 kg Oliven benötigte, um daraus 1 l Öl herzustellen.

Im römischen Kochbuch ist auch ein Tipp überliefert, wie man Oliven zum Pressen von Öl frischhalten kann: Man solle sie in Olivenöl einlegen, um daraus jederzeit frisches Öl pressen zu können.[7]

Passum – Rosinenwein

Nach dem, was wir über die Herstellung des antiken *Passum* wissen, handelt es sich um einen sehr süßen Wein, der aus getrockneten Weintrauben hergestellt wurde. Auch heute findet man solche Weine in Italien, z. B. den toskanischen *Vin Santo* oder – vielleicht noch besser – den *Passito di Pantelleria*, durch die sich das antike Passum adäquat ersetzen lässt. Aber auch andere Trockenbeerenauslesen eignen sich gut als Ersatz. *Passum* steht in den Rezepten also für einen sehr süßen Dessertwein, was man auch daran erkennt, dass *Passum* in den Originalrezepten häufig als Alternative zu Honig angegeben wird.

Gewürze:

Cuminum / Careum – Kreuzkümmel / Wiesenkümmel

Bei *cuminum* handelt es sich höchstwahrscheinlich um Kreuzkümmel, bei *careum* um Wiesenkümmel. Etwas verwirrend ist die deutsche Nomenklatur insofern, als es sich um völlig unterschiedliche Aromen handelt. Während man in Deutschland unter »Kümmel« meist den Wiesenkümmel versteht, erinnert uns Kreuzkümmel eher an indische Gewürzmischungen.

Ligusticum – Liebstöckel

Liebstöckel – wegen seines speziellen Aromas gelegentlich auch als »Maggikraut« bezeichnet – taucht in einer großen Zahl von Rezepten des römischen Kochbuchs auf und scheint eins der Lieblingsgewürze des Autors gewesen zu sein. Interessanterweise steht Apicius mit seiner Vorliebe für Liebstöckel fast alleine da. Während viele Gewürzmischungen des römischen Kochbuchs mit »Pfeffer, Liebstöckel, …« beginnen, macht sich Liebstöckel in mittelalterlichen Rezepten rar und wird hauptsächlich als Heilkraut erwähnt.

Origanum – Oregano

Oregano (*Origanum vulgare L.*) ist neben Pfeffer eines der Lieblingsgewürze von Apicius. Häufig tritt dieses mit dem Majoran eng verwandte Gewürz in Kombination mit Pfeffer und Liebstöckel in den Rezepten auf. Auch heute spielt es als Pizzagewürz in der italienischen Küche eine wichtige Rolle.

Petroselinum – Petersilie

Die Petersilie (*Petroselinum crispum Fuss*) ist ein ganz altes europäisches Gewürzkraut. Auch in den römischen Rezepten kommt sie häufig vor.

Piper – Pfeffer

Obwohl in Europa bis heute nicht angebaut, wurde Pfeffer in der Antike bereits von den Griechen genutzt und in beträchtlichen Mengen aus Indien importiert. In der Küche der Römer war er allgegenwärtig und tritt in den Rezepten des Apicius besonders häufig in der Kombination mit Liebstöckel auf. Sogar Süßspeisen wurden durch Bestreuen mit gemahlenem Pfeffer verfeinert.

Puleium – Poleiminze

Poleiminze oder Flohkraut (*Mentha pulegium L.*) war bei den Römern als Gewürz sehr beliebt und wurde häufig statt anderer Minzenarten verwendet. Sie ist jedoch leicht giftig, weshalb sie früher als Mittel gegen Flöhe eingesetzt wurde, und sollte daher mit Vorsicht verwendet werden. Man kann sie in der Küche jedoch gut durch andere Minzen – sowohl frisch als auch getrocknet – ersetzen.

Ruta – Weinraute

Weinraute ist ein bei den Römern relativ beliebtes Gewürzkraut. Verwendet wurden die Blätter oder gelegentlich auch die Samen. Sie ist jedoch leicht giftig, weshalb sie nie in großen Mengen verwendet werden sollte, und besonders für Schwangere sehr gefährlich, da sie abtreibende Wirkung hat.

Silphium und Laser – Asant

Bei dem, was in der Antike unter dem Namen *Silphium* bekannt war, handelte es sich um zwei verschiedene Gewürze:

Das erste war eine im östlichen Libyen – und nur dort – beheimatete Staude; ihr Saft wurde ausgepresst und aus ihm ein sehr edles und anscheinend wohlschmeckendes Gewürz gewonnen, das bei den Römern auch als Laser bzw. Laserpicium bekannt war. Zwar gibt es aus der Antike Abbildungen der Silphium-Staude, unter anderem auf Münzen, allerdings scheint sie aus Libyen, wo sie heimisch war, vollständig verschwunden bzw. schon in der Antike durch übermäßigen Abbau ausgerottet worden zu sein.

Nachdem vom echten *Silphium* also immer weniger Pflanzen gefunden wurden, bis es Mitte des ersten Jahrhunderts n. Chr. als ausgerottet gelten musste, griffen die Römer zu Ersatzgewürzen, von denen eines als *Asant* (auch Stinkasant oder Teufelsdreck genannt, *Ferula assa-foetida L.*) identifizierbar zu sein scheint. Dieses Gewürz ist besonders in der indischen Küche noch allgegenwärtig und kann in gut sortierten Gewürzhandlungen erworben werden.

Wir können für *Silphium* also durchaus *Asant* verwenden.

Tierisches:

Fleisch, Fisch und Meeresfrüchte

Die Römer kannten eine große Vielfalt von Speisen tierischen Ursprungs. Übliche Speisen bei den Gelagen der High Society waren z. B. Saueuter, Wildschwein, Hase, Meerbarben und Austern. Davon weiß der römische Dichter Martial zu erzählen.[8] Verschiedenste Fische gab es in Hülle und Fülle, und aller Art von Geflügel waren die Römer ebenfalls zugeneigt. So landeten außer Hähnchen, Gans und Ente gelegentlich auch Papagei, Strauß und Flamingo in römischen Kochtöpfen. Apicius selbst soll besonders von Flamingozungen geschwärmt haben.[9] Auch andere exotische Tiere konnten schon einmal aufgetischt werden: Kürzlich fand man in einer pompejanischen Abfallgrube Überbleibsel einer Giraffe.

Lammhirnchen

Hirn ist zugegebenerweise nicht jedermanns Sache. In den Hackfleischrezepten kommt es neben Eiern häufig vor. Gemeint ist mit *cerebellum* nichts anderes ist als ein kleines Gehirn, vorzugsweise wahrscheinlich vom Lamm, evtl. auch vom Spanferkel. Nach den Berichten über die Rinderkrankheit BSE, ihre Ursachen und die Zusammenhänge mit der Creutzfeld-Jakob-Krankheit sind wir bei der Verwendung solcher Zutaten vorsichtig geworden und finden Hirn immer seltener auf unserer Speisekarte. Wer es nicht verwenden will, kann natürlich auf Alternativen ausweichen und es z. B. durch Kalbsbries oder andere Zutaten ersetzen, die von der Konsistenz her ähnlich sind, wie etwa Wollwürste oder sogar schwach gewürzte Weißwürste.

Quallen

Quallen tauchen in einigen (wenigen) römischen Rezepten auf. Welche Quallenart die Römer für ihre Rezepte verwendet haben, ist nicht bekannt. Klar ist aber, dass es sich auch damals um eine ungewöhnliche Zutat handelte, da in einem Rezept angemerkt wird,[10] dass wohl niemand am Tisch herausfinden werde, was er da gerade esse. Heute kennt man Quallen als Speise – meist vom Hörensagen – aus der asiatischen Küche. Man findet durchaus getrocknete Quallen im Versandhandel, tiefgefrorene sogar in einigen Asia-Läden. Einige Rezepte kursieren sogar in europäischen Gourmetforen, aber für die meisten Leute wirkt Qualle als Zutat eher abschreckend. Dennoch wird z. B. in Italien inzwischen ernsthaft über eine Ausweitung der kulinarischen Verwendung von Quallen nachgedacht, auch um das ökologische Gleichgewicht, das durch Überfischung stark gelitten hat, wieder zu verbessern.

MODERNE ZUTATEN

In der modernen Küche werden gerne einige Zutaten verwendet, die z. T. aus anderen Teilen der Welt stammen und den Römern noch unbekannt waren oder von ihnen nicht genutzt wurden. Wer also ein originalgetreues Menü zusammenstellen will, sollte in jedem Fall auf folgende Ingredienzien verzichten:

Alkohol

Alkohol als Ergebnis der Destillation war den Römern noch nicht bekannt. Die Destillation von Alkohol wurde erst im Mittelalter entwickelt.

Aubergine

Herkunft: Asien
Obwohl in Asien seit langer Zeit als Kulturpflanze angebaut, scheint die Aubergine ihren Weg nach Europa im Altertum nicht gefunden zu haben.

Avocado

Herkunft: Amerika (Mexiko)
Der Avocadobaum wurde zuerst in Mexiko kultiviert. Im Mittelmeerraum wird er erst seit dem 20. Jahrhundert angepflanzt.

Banane

Herkunft: Südostasien
Die Banane gelangte schon sehr früh von Südostasien nach Madagaskar und auf das afrikanische Festland. Die Römer kannten sie jedoch allem Anschein nach noch nicht.

Butter

So merkwürdig es klingt: die Römer haben die »drei Geheimnisse der französischen Küche«, nämlich die Butter, in der Küche wohl nicht verwendet. Kein einziges der überlieferten Rezepte enthält Butter als Zutat. Schon deshalb machen viele römische Rezepte einen »gesunden« Eindruck.

Eischnee

Herstellung und Verwendung von Eischnee scheint den Römern noch unbekannt gewesen zu sein, obwohl sich Eiweiß auch gut von Hand schlagen lässt. Erst seit dem 16. Jahrhundert taucht Eischnee in Rezepten auf.

Erdnuss

Herkunft: Südamerika
Die Erdnuss ist eigentlich eine Hülsenfrucht, ähnlich der Erbse und Bohne, hat also botanisch mit Nüssen nichts zu tun. Auch sie wurde von den spanischen Entdeckern aus Amerika nach Europa gebracht.

Gartenbohnen oder Grüne Bohne

Herkunft: Südamerika
Die Römer kannten zwar verschiedene europäische Bohnenarten, wie etwa die Ackerbohne (Saubohne), jedoch war ihnen die heute gebräuchliche Gartenbohne unbekannt, die erst im 16. Jahrhundert nach Europa eingeführt wurde.

Gartenkürbis

Herkunft: Amerika (Mexiko)
Die bei uns inzwischen am häufigsten verwendete Kürbisart stammt, wie viele andere Kulturpflanzen, aus Mexiko. Dasselbe gilt für die Zucchini. Will man Kürbisarten verwenden, die schon den Römern bekannt waren, sollte man zum Flaschenkürbis greifen.

Kaffee

Herkunft: Afrika (Äthiopien)

Obwohl sie theoretisch bereits den Römern hätte bekannt
sein können, blieb die Kaffeepflanze noch viele Jahrhunderte
lang ohne Bedeutung, bis laut Legende ein Hirte rein zufällig
die anregende Wirkung ihrer Früchte entdeckte, nachdem
Tiere seiner Herde davon gefressen hatten. Kaffee kam jedoch auch in den arabischen Ländern erst ab dem 15. Jahrhundert in Mode.

Kakao

Herkunft: Amerika (Mexiko)

Auch der Kakao wurde zuerst in Mexiko als Kulturpflanze genutzt. Ähnlich wie bei der Vanille entsteht das Endprodukt
mit Hilfe von Fermentation des Fruchtfleisches der Ka-
kaofrucht.

Kaki

Herkunft: Ostasien (China)

Diese inzwischen in Italien häufig anzutreffende Frucht
stammt eigentlich aus China und wurde erst im 19. Jahrhundert in anderen Teilen der Welt (Südeuropa, Brasilien, Kali-
fornien) kultiviert.

Kartoffeln

Herkunft: Südamerika (Anden)

Die Römer kannten praktisch nichts der Kartoffel Vergleich-
bares. Von der Konsistenz her mögen zwar Kürbisse und
colocasia, also die Lotuswurzeln, den Kartoffeln ähneln, sie
sind jedoch nie zu den römischen Grundnahrungsmitteln
aufgestiegen.

Kiwi

Herkunft: Ostasien (China)
Zwar ist die Gegend zwischen Rom und Latina heute das
größte Anbaugebiet der bei uns so beliebten Kiwifrucht, doch
sie trat erst zu Beginn des 20. Jahrhunderts ihre Reise um die
Welt an.

Kokosnuss

Herkunft: wahrscheinlich Indien oder Ozeanien
Obwohl die Kokospalme bereits seit vielen Jahrhunderten
kultiviert wird, blieb ihre Verbreitung lange Zeit auf die Küs-
tenregionen des Indischen und Pazifischen Ozeans be-
schränkt. Wir haben keinen Hinweis darauf, dass Kokosnüs-
se im antiken Europa bekannt waren.

Mais

Herkunft: Amerika (Mexiko)
Heute eine der wichtigsten Getreidesorten weltweit, wurde
der Mais erst durch Kolumbus nach Europa gebracht und zuerst in Spanien, kurz darauf in der Türkei und im Nahen Osten angebaut.

Majoran

Herkunft: Kleinasien
Obwohl Majoran, bei dem es sich um eine dem Oregano eng
verwandte Pflanze handelt, in der Reichweite römischer Köche lag, taucht die Bezeichnung erst um 1300 im *Liber de Co
quina* als Gewürz auf. Die Römer haben stattdessen immer
mit Oregano gewürzt.

Mango

Herkunft: Indien
Auch wenn die Römer einige indische Pflanzen, wie z. B. die
Melonen, erfolgreich in Italien kultiviert haben, kannten sie
Mangos offensichtlich noch nicht.

Muskatnuss

Herkunft: Molukken

Die Muskatnuss fand erst im 13. Jahrhundert Einzug in die Kochbuchliteratur und wird z. B. im mittelalterlichen *Liber de Coquina* erwähnt. Bei den Römern scheint sie noch nicht bekannt gewesen zu sein.

Nudeln

Herkunft: Italien/China

Zwar hatten die Römer alle Zutaten für die Nudelproduktion zur Verfügung, dennoch stammen die ersten Rezepte für nudelähnliche Speisen aus dem Mittelalter. Einzig die in den römischen Lasagnerezepten erwähnten Teigblätter entsprechen ungefähr den Teigblättern der heutigen Lasagne.

Paprika, Peperoni, Chili

Herkunft: Süd- und Mittelamerika

Die verschiedenen Paprikasorten gehören zu den Nachtschattengewächsen und stammen aus Süd- und Mittelamerika. Von dort gelangten sie mit den ersten Expeditionen nach Europa, wo sie erfolgreich kultiviert wurden.

Rosmarin

Herkunft: Mittelmeerraum

Auch wenn Griechen und Römer den Rosmarin gut kannten, sucht man ihn in den antiken Rezepten vergeblich. Einzig bei Columella findet man ein Rezept für Rosmarinwein – ein Heilgetränk[11].

Sahne

Auch die Sahne war den Römern – ebenso wie die Butter – zwar nicht unbekannt, wurde von ihnen aber in der Küche nicht verwendet. Wir werden sie vielleicht in der einen oder anderen römischen Sauce vermissen, müssen uns damit aber auch keine weiteren Gedanken um die in ihr enthaltenen Kalorien machen.

Sojabohne

Herkunft: Südostasien (China/Japan)
Obwohl in China seit vielen Jahrtausenden als Kulturpflanze genutzt, wurde die Sojabohne – im Gegensatz zu anderen Nahrungsmitteln – erst Ende des 17. Jahrhunderts in Europa bekannt.

Tee

Herkunft: Südostasien
Der Genuss von Tee ist in Europa erst im 18. Jahrhundert und damit erst vor relativ kurzer Zeit populär geworden, obwohl er in China schon für die Antike nachweisbar ist.

Tomaten

Herkunft: Süd- und Mittelamerika
Die Tomaten gehören wie die Kartoffeln zu den Nachtschattengewächsen. Sie wurden wahrscheinlich von Kolumbus nach Europa gebracht, begannen sich in Deutschland aber erst im 20. Jahrhundert durchzusetzen.

Truthahn/Pute

Herkunft: Amerika
Truthähne bzw. Truthühner wurden zwar recht früh nach Europa gebracht, waren den Römern aber natürlich noch nicht bekannt. Dennoch kann man einige der römischen Geflügelrezepte durchaus einmal mit Truthahn versuchen, da ihr Fleisch dem von Hähnchen sehr ähnlich ist.

Vanille

Herkunft: Amerika (Mexiko)
Bei der Gewürzvanille handelt es sich um eine Orchideenart, deren fermentierte Fruchtkapseln das aromatische Vanillin

enthalten. Ursprünglich aus Mexiko stammend, war es lange nicht gelungen, die Pflanzen in anderen Anbaugebieten zu kultivieren. Erst die Entwicklung von Methoden zur künstlichen Bestäubung machte dies möglich.

Zimt

Herkunft: Südostasien
Den Römern war Zimt (d.h. die Rinde des Echten Zimtbaums, *Cinnamomum verum*, J. Presl) nicht unbekannt. Allerdings taucht er in den originalen römischen Rezepten nirgends auf, im Mittelalter war er als Gewürz sehr beliebt. Stattdessen kamen bei den Römern unter der Bezeichnung *malabathrum* gelegentlich die Blätter des Indischen Lorbeers (*Cinnamomum tamale L.*) zum Einsatz.

Zitrusfrüchte (Zitronen, Limonen, Mandarinen, Orangen und Grapefruit)

Herkunft: Ostasien
Von den Zitrusfrüchten kannten die Römer lediglich die Zitronatzitrone (*Citrus medica L.*). Andere Arten haben ihren Weg von Ostasien nach Europa wohl erst mit den Kreuzzügen im Mittelalter gefunden. Das erste Kochbuch, in dem Limonen als Zutat erwähnt werden, ist der um 1300 niedergeschriebene *Liber de Coquina*.

Zucker

Herkunft: Asien (Indien)
Obwohl Zucker aus Zuckerrohr im antiken Rom bereits bekannt war und, wie Plinius der Ältere erwähnt, zu medizinischen Zwecken verwendet wurde, begann er seinen Siegeszug in der europäischen Küche erst im Spätmittelalter. Ursprünglich stammt das Zuckerrohr aus Indien, wurde aber wohl bereits in der Antike auch im Nahen Osten angebaut. Die neu gezüchtete Zuckerrübe ließ sich sogar erst im 19. Jahrhundert zur Zuckerproduktion verwenden.

Sonstiges

In einer weitaus stärker globalisierten Welt können wir heute selbst in fernen Ländern Erfahrungen mit neuen Nahrungsmitteln machen, wir finden inzwischen auch in unseren Supermärkten viele exotische Früchte und andere Zutaten, die im kaiserzeitlichen Rom noch unbekannt waren. Auf der anderen Seite haben uns die Römer vieles nähergebracht, was sie auf ihren Expeditionen kennengelernt haben, wie z. B. die Kirsche oder die Melone.

DER PREIS FÜR GUTES ESSEN

Eine höchst interessante Frage ist die nach den Kosten für die Verköstigung einer vornehmen römischen Tischgesellschaft, bei der die überlieferten Rezepte zum Einsatz kommen.

Einen guten Anhaltspunkt dafür liefert das Preisedikt des Diokletian, das wahrscheinlich im Jahr 301 erlassen wurde. Der Anlass für dieses Preisedikt war der starke Anstieg der Inflation in diesen Jahren und die Befürchtung, die Wirtschaft könne ernsthaften Schaden nehmen, wenn der rasanten Teuerung zu Beginn des 4. Jahrhunderts nicht entgegengewirkt würde. Während die am Goldpreis bemessene durchschnittliche jährliche Teuerungsrate im Römischen Reich zwischen dem 2. vorchristlichen Jahrhundert und dem 3. Jahrhundert unserer Zeitrechnung mit weniger als 1 Prozent als sehr niedrig bezeichnet werden kann, stieg sie in der Zeit zwischen 300 und 324 auf einen Wert von über 7 Prozent. Um weiterer Teuerung Einhalt zu gebieten, schuf Diokletian einen Katalog, der Höchstpreise für Waren und Dienstleistungen festlegte.

Die Preise aus Diokletians Preisedikt mit heutigen Preisen zu vergleichen, ist nicht ganz einfach, da sich heutige und antike Warenkörbe signifikant unterscheiden, verschiedene alltägliche Dinge durch moderne Produktionsmethoden für uns erheblich günstiger sind und die Preise für Gold und andere Edelmetalle durch die unterschiedliche Verfügbarkeit und moderne Handelsmethoden erheblich verfälscht werden. Im Preisedikt ist z. B. der maximale Goldpreis mit 50 000 Denaren pro römisches Pfund (ca. 327 g), also ca. 153 Denare pro Gramm, angegeben. Umgerechnet hieße dies, dass beim aktuellen Goldpreis von ca. 30 Euro pro Gramm ein Denar etwa 0,20 Euro entspräche. Allerdings muss bei dieser Berechnung berücksichtigt werden, dass der Goldpreis an den Rohstoff-börsen allein in den letzten 15 Jahren von ca. 11 Euro/g im Jahr 2001 auf über 40 Euro/g im Jahr 2012 gestiegen ist. Natürlich ist der Goldpreis noch etwas höher, wenn man Gold im Geschäft kauft. Würde man heute versuchen, einen maximal erlaubten Preis festzulegen, läge man damit vielleicht bei 45–50 Euro pro Gramm. Berücksichtigt man diese Einflüsse, müsste man für den Wert eines Denars im Jahr 301 zwischen 0,07 und 0,33 Euro ansetzen, wobei das obere Ende der Skala plausibler erscheint. Der Goldpreis ist demnach alles andere als ein zuverlässiger Indikator für Preise des täglichen Gebrauchs. Im Vergleich mit den im Preisedikt ebenfalls erwähnten Tagesverdiensten von Handwerkern würde man mit heutigen Durchschnittsverdiensten zu einem viel höheren Wert des Denars gelangen. Hier sollte man allerdings daran denken, dass der Lebensstandard eines Durchschnittsverdieners zu Beginn des 4. Jahrhunderts deutlich unter dem jetzigen lag und sich die Warenkörbe in der Zwischenzeit drastisch geändert haben. Um eine ungefähre Preisvorstellung römischer Produkte zu vermitteln, setze ich einen Denar um das Jahr 300 n. Chr. zu 0,30 Euro an. Dieser Wert gilt dann natürlich nur für die im Preisedikt Diokletians genannten Waren.

Zweckmäßiger erscheint ein Vergleich antiker mit modernen Lebensmittelpreisen, sofern sie sich auf Dinge beziehen, deren Herstellung vor allem der Handarbeit bedarf und sich somit durch industrielle Methoden nicht drastisch verändert hat.

Die Preise für Lebensmittel sind die ersten, die im Preisedikt genannt werden.

Ein guter Wein, z. B. ein Falerner, durfte bis zu 30 Denare pro Sextar (ca. 55 Denare/l), ein normaler Landwein bis zu acht Denare pro Sextar (knapp 15 Denare/l) kosten. Wir wissen, dass Weine auch bei uns je nach Qualität sehr unterschiedliche Preise erreichen.

Der Höchstpreis von Schweinefleisch war auf 12 Denare pro römisches Pfund (ca. 37 Denare/kg), der von Rindfleisch auf 8 Denare pro römisches Pfund (ca. 24 Denare/kg) festgelegt. Der Preis von Schweinehackfleisch (*isicium*) wurde auf 2 Denare pro Unze (ca. 73 Denare/kg), der für Rinderhackfleisch auf 10 Denare pro römisches Pfund (ca. 31 Denare/kg) begrenzt.

Ein Hähnchen (*pullus*) durfte maximal 30 Denare, eine gemästete Gans bis zu 200 Denare kosten. Letztere war damit genauso teuer wie ein Fasan, während eine Ente schon für weniger als 20 Denare zu haben war. Ein römisches Pfund Butter konnte bis zu 16 Denare kosten und scheint damit im Verhältnis zu unseren Preisen sehr teuer gewesen zu sein. Dafür war sie natürlich handgemacht.

Der Preis von einem Denar für ein Hühnerei entspricht ungefähr dem heutigen Preis für Bio-Eier von bis zu ca. 0,30 Euro, wenn man den Wert des Denars über den Goldpreis berechnet.

Bereits im alten Rom war die Abfolge der Speisen ähnlich festgelegt wie bei uns: Ein vollständiges römisches Mahl war in drei Hauptteile unterteilt und bestand aus Vorspeise, Hauptgericht und Nachtisch. Der bekannte Ausspruch des Horaz »ab ovo usque ad mala«[12] (vom Ei bis zu den Äpfeln) gibt die übliche Speisefolge aber nur ungenügend wieder.

Wir haben das Glück, dass in der antiken Literatur mehrere Stellen überliefert sind, die die kompletten Speisefolgen verschiedener Mahlzeiten wiedergeben.

Wie unterschiedlich diese Speisefolge interpretiert werden konnte, zeigt uns ein Vergleich dessen, was uns Macrobius zu einem Festmahl aus Anlass der Weihe von Lentulus zum Marspriester überliefert, an dem auch Caesar teilnahm, und der Auflistung der Speisen aus einem Brief von Plinius dem Jüngeren, in dem er sich beklagt, dass ein Bekannter eine Einladung zum Essen bei ihm nicht wahrgenommen hat.

Gastmahl des Lentulus

(Macrobius, Saturnalia, 3,13,11 ff.)

Das Gastmahl verlief folgendermaßen: Als Vorspeise gab es (1) Seeigel, (2) so viele rohe Austern, wie man wollte, (3) Gienmuscheln, (4) Lazarusklappern, (5) Drossel auf Spargeln, (6) Poularde, (7) eine Austern- und Gienmuschelplatte, (8) schwarze Meereicheln, (9) weiße Meereicheln, wieder Lazarusklappern, (10) eine andere Art von Gienmuscheln, (11) Quallen, (12) Feigendrosseln, (13) Reh- und (14) Wildschweinlenden, (15) in Teig gehülltes Geflügel, Feigendrosseln, (16) Schnecken und Purpurschnecken. Als Hauptspeise gab es (17) Saueuter, (18) Wildschweinkopf, (19) Fischplatte, (20) eine Platte mit Schweine-

*fleisch, (21) Ente, (22) gesottene Kriekente, (23) Hase, (24) ge-
grilltes Geflügel, (25) Pudding und (26) pizentinisches Brot.*

Einladung zum Essen bei Plinius

(Plinius ep. 1,15)

*Bereitet waren (1) je ein Salat, (2) je drei Schnecken, (3) je zwei
Eier, (4) Grütze mit Honigwein und Schnee (denn den wirst du
auch mitrechnen, ja besonders den, der auf der Tafel geschmol-
zen ist), (5) Oliven, (6) rote Rüben, (7) Kürbisse, (8) Zwiebeln
und andere nicht weniger vorzügliche Dinge.*

Eine klare Einteilung in Vor- und Hauptspeise ist in dieser
Aufzählung nicht zu erkennen, aber man kann davon ausgehen, dass der Salat bei den Vorspeisen einzuordnen ist und
der Griesbrei mit Honigwein als Dessert fungiert.

In der Auflistung fällt auf, dass Fleisch- und Fischgerichte
fehlen. Plinius hat offensichtlich Wert auf eine leichte und
bekömmliche Ernährung gelegt und die bei solchen Gelegen-
heiten übliche Völlerei abgelehnt. Als einzige Speise tierischen Ursprungs bot er seinem Gast Schnecken und Eier an
und vermutete als Grund für das Nichterscheinen seines
Gastes, dass dieser vielleicht einer anderen Einladung den
Vorzug gegeben habe, um sich an den üblichen Delikatessen,
nämlich Austern, Gebärmutter vom Schwein und Seeigeln,
zu laben.

Auch Martial macht sich in seinen Epigrammen ausgiebig
über die immer gleichen Essgewohnheiten des römischen
Geldadels lustig. Da gibt es Wildschwein, Euter, Austern,
Barbe, Hase, Pilze, Hummer und Hecht. Interessant ist, dass
auch Martial in einem seiner Epigramme Salat mit Oxygarum
(also mit Essig vermischtem Garum) als Vorspeise erwähnt.[13]
Wir dürfen also davon ausgehen, dass dies durchaus üblich
gewesen ist. Auch heute noch wird der Salat im Restaurant

oft vor der Hauptspeise serviert, allerdings eher als Beilage denn als Vorspeise. Die bei uns als Vorspeise gebräuchlichen Suppen wird man jedoch auf der antiken Speisekarte vergeblich suchen.

Was wir in diesen überlieferten Speisefolgen ebenfalls schmerzlich vermissen, ist jeglicher Hinweis auf Obst. Da aber Obst nur zu bestimmten Jahreszeiten ausreichend verfügbar war, können wir davon ausgehen, dass es durchaus nicht bei jeder Cena gereicht wurde, auch wenn das römische Kochbuch einige Vorschläge zur Haltbarmachung von Obst enthält. Dass die Rezepte für Obst nicht gerade häufig in Kochbüchern auftauchen, ist nicht verwunderlich. Man kann es ja ohne weitere Zubereitung frisch genießen.

Hinweise, bei welchen Speisen es sich um Vorspeisen handelt, finden wir in den Rezepttiteln des römischen Kochbuchs. Einige Gerichte sind dort eindeutig als *Gustum* deklariert. Im Wesentlichen handelt es sich dabei um Rezepte auf der Basis von Gemüse, evtl. unter Zugabe von Schnecken, Eiern und Innereien und kleineren Fleischstücken von Geflügel.

Verschiedene Menüvorschläge sind im Anschluss an den Rezeptteil zusammengestellt.

DIE WICHTIGSTEN QUELLEN ZU RÖMISCHEN REZEPTEN

Cato

Marcus Porcius Cato, römischer Senator und Consul des Jahres 195 v. Chr., ist der Autor des ersten überlieferten Prosawerkes der lateinischen Literatur. Sein Buch *Über die Landwirtschaft* enthält alles Wesentliche, was man damals zur Bewirtschaftung eines Landgutes wissen musste, darunter auch einige Rezepte für Mehlspeisen, die offensichtlich zur Ernährung der auf dem Landgut lebenden Arbeiter gedacht waren.

Den hier aufgeführten Rezepten liegt folgende Textausgabe zugrunde:

Marcus Porcius Cato: De agri cultura – Über die Landwirtschaft. Übers. und hrsg. von Hartmut Froesch. Stuttgart 2009.

Apicius

Unter dem Namen von Marcus Gavius Apicius ist das älteste vollständig erhaltene Kochbuch überliefert. Apicius hat im 1. Jahrhundert n. Chr. zur Zeit des Kaisers Tiberius gelebt und galt bei seinen Zeitgenossen als Exzentriker, der sein gesamtes, nicht unbeträchtliches Vermögen durch Gelage und die Entwicklung extravaganter Speisen aufzehrte. Bei dem überlieferten Text handelt es sich wohl um eine Bearbeitung aus dem 3. oder 4. Jahrhundert n. Chr., die möglicherweise auf ein oder mehrere originale Werke von Apicius zurückgeht.

Die Originalversionen der Rezepte aus dem Kochbuch des Apicius sind hier nachzulesen:

Text und Übersetzung: De re coquinaria / Über die Kochkunst. Hrsg., übers. und komm. von Robert Maier. Stuttgart 1991.

Plinius

Von Plinius dem Älteren, der beim Ausbruch des Vesuvs im Jahr 79 n. Chr. umkam, stammt die umfassendste Enzyklopädie der lateinischen Literatur. Dort sind auch Biographisches zu Apicius sowie Hinweise zur Herstellung wichtiger Zutaten der römischen Küche enthalten.

Text und Übersetzung: C. Plinius Secundus: Naturalis Historiae Libri XXXVII. Lat./Dt. [37 Bücher.] Hrsg. und übers. von Roderich König in Zs.arb. mit Gerhard Winkler. München/Zürich 1985 ff. [Apicius wird erwähnt in Plin. NH 8,209; 9,66; 10,132. Hinweise zu einzelnen Zutaten sind verstreut zu finden.]

Columella

Lucius Iunius Moderatus Columella hat zur Zeit des Kaisers Claudius, also im 1. Jahrhundert n. Chr., ein Werk über Gartenbau und Landwirtschaft verfasst, das unter anderem die Herstellung einiger in der römischen Küche immer wieder verwendeter Zutaten beschreibt.

Textausgabe: L. Iunius Moderatus Columella: De Re Rustica. Buch 12 in: L. Iuni Moderati Columellae Opera Quae Exstant. Bd. 8. Hrsg. von. Sten Hedberg. Uppsala 1958.

Palladius

Rutilius Taurus Aemilianus Palladius hat im 4. Jahrhundert unserer Zeitrechnung ein Werk über die Landwirtschaft verfasst, das für jeden Monat des Jahres die entsprechenden Arbeiten erklärt, die auf dem Landgut verrichtet werden müssen. Im Herbst werden nach der Ernte aus Olivenöl und Weintrauben einige Produkte hergestellt, die für die römische Küche von Bedeutung sind.

Textausgabe: Palladius Rutilius Taurus Aemilianus: Opus agriculturae. Hrsg. von J. C. Schmitt. Leipzig 1898.

Petronius

Auch die »Cena Trimalchionis« aus dem *Satyricon* des Petron
verdient an dieser Stelle eine Erwähnung, da wir darin darüber aufgeklärt werden, welche Art Speisen an der Tafel der
Neureichen denkbar und üblich waren.

Übersetzung: Petron: Satyricon. Übers. von Harry C.
Schnur. Stuttgart 1986.

Kategorien

Vegan   ohne Fleisch, Fisch, Milchprodukte und Eier –
Liquamen bzw. Garum (Colatura di Alici) kann durch
Salz ersetzt werden, Honig durch Passum oder Defru-
tum, Zucker wäre ein im antiken Rom nicht gebräuch-
licher Honigersatz
Vegetarisch   ohne Fleisch und Fisch, aber mit Eiern
und/oder Milch
Mit Geflügel
Mit Schwein
Mit Rind
Mit Lamm
Mit Ziege
Mit Hase
Mit Schnecken
Mit Fisch
Mit Meeresfrüchten

Schwierigkeitsgrad

1   sehr einfach
2   einfach
3   mittel
4   schwierig
5   sehr schwierig

Mengen- und Zeitangaben

EL   Esslöffel (gestrichen) = 0,01 l = 10 ml
TL   Teelöffel (gestrichen) = 0,003 l = 3 ml
g   Gramm
kg   Kilogramm
l   Liter

ml   Milliliter
Min. Minuten
Std. Stunden

Ersatz für spezielle Zutaten

Liquamen	italienische *Colatura di Alici*, vietnamesisches *Nuoc-Mam* oder thailändisches *Nam Pla*. Wer auf die Fischsauce ganz verzichten möchte, kann sie durch Salz mit etwas Weißwein ersetzen
Poleiminze	normale Minze (auch getrocknet)
Passum	*Vin Santo* oder *Passito di Pantelleria*
Defrutum	Traubensaft, auf ein Fünftel eingekocht
Caroenum	Traubensaft, auf zwei Drittel eingekocht
Sapa	Traubensaft, auf ein Drittel eingekocht
Lammhirn	Kalbsbries oder Wollwurst

Vinum
Wein

(Plinius, Naturalis Historia, Buch 14)

Dass die Römer viel und gerne Wein getrunken haben, ist nicht unbekannt. Wie sie den Wein geerntet und gekeltert haben, ist ebenfalls ziemlich genau bekannt. Weit weniger genau bekannt ist jedoch, welche Rebsorten zum Einsatz kamen und wie römische Weine geschmeckt haben.

Mulsum
Honigwein

(Columella 12,41[14])

Vegetarisch
Schwierigkeitsgrad: 2
Zubereitungszeit: 21 Tage

Zutaten für 10 l

8 l frisch gepresster, weißer Traubenmost
2 kg Honig
4 ml flüssige Reinzuchthefe

Zubereitung

Den Honig mit dem Traubenmost verrühren, in einen Gärballon füllen, die Hefe hinzufügen und 21 Tage lang gären lassen. Danach in Flaschen umfüllen und kühl lagern.

*Der von Columella beschriebene Herstellungsprozess geht von Trau-
benmost aus, der zusammen mit dem Honig vergoren wird. Columella
erwähnt keine Hefe. Das Hinzufügen von Hefe ist jedoch sinnvoll, um
den Gärprozess besser starten und kontrollieren zu können. Bei Columella wird das Endprodukt zur besseren Haltbarmachung noch geräuchert. Will man Mulsum schneller herstellen, so empfiehlt es sich,
aromatischen Weißwein mit Honig im Verhältnis 5 : 1 zu mischen. Vor
dem Genuss sollte das Mulsum kühlgestellt werden.*

Rosatum et violatium

Rosen- und Veilchenwein

(Apicius 1,4)

Vegetarisch (oder vegan)
Schwierigkeitsgrad: 2
Zubereitungszeit: 21 Tage

Zutaten für 1 l

Für Rosenwein: ca. 120 frische Blütenblätter von Duftrosen
für Veilchenwein: ca. 120 frische Blütenblätter von Veilchen
900 ml Weißwein oder Rotwein
100 g Honig (oder Defrutum)

Zubereitung

Ca. 40 Blütenblätter in einem Leinensäckchen in den Wein
geben und diesen 7 Tage ruhen lassen, die Blütenblätter entfernen, neue hineingeben und wieder 7 Tage ruhen lassen.
Diese Prozedur dreimal wiederholen. Danach den Wein fil-
tern, den Honig dazugeben und gut verrühren. Vor dem Servieren evtl. noch einige Tage ruhen lassen.

Wichtig ist, den Wein während der Ruhezeiten gut zu verschließen.

De rosato
Rosenwein

(Palladius 6,13[15])

Vegetarisch (oder vegan)
Schwierigkeitsgrad: 2
Zubereitungszeit: 30 Tage

Zutaten für 1 l

185 g frische Blätter von Duftrosen oder 100 ml Rosenwasser
ca. 630 ml[16] Weißwein oder Rotwein
370 g Honig (oder Defrutum)

Zubereitung

Die Blütenblätter in den Wein geben, diesen gut verschließen und 30 Tage ruhen lassen. Alternativ kann man auch ca. 100 ml Rosenwasser in den Wein geben.

Rosatum sine rosa
Rosenwein ohne Rosen

(Palladius 11,15[17]; Apicius 1,4,2)

Vegetarisch (oder vegan)
Schwierigkeitsgrad: 2
Zubereitungszeit: 40 Tage

Zutaten für 10 l

9,5 l frisch gepresster Traubenmost
ca. 100 Blätter des Zitronenbaums
500 g Honig (oder Defrutum)
4 ml flüssige Reinzuchthefe

Zubereitung

Die Blätter des Zitronenbaumes in den Gärballon mit dem Traubenmost geben, die Hefe hinzufügen und 40 Tage lang vergären lassen. Sobald der Wein fertig ist, den Honig hinzufügen.

Gemeint sind natürlich die – sehr schwer zu beschaffenden – Blätter des Zitronatzitronenbaums (Citrus medica L.). *Diese lassen sich durch Blätter des Zitronenbaums* (Citrus limon L.) *oder die in der thailändischen Küche beliebten Kaffirlimettenblätter ersetzen.*

Vinum roratum
Rosmarinwein

(Columella 12,36[18])

Vegan
Schwierigkeitsgrad: 2
Zubereitungszeit: 7 Tage

Zutaten für 10 l

10 l frischer Traubenmost
200 g trockene Rosmarinzweige
4 ml flüssige Reinzuchthefe

Zubereitung

Den Most in einen Gärballon füllen, Rosmarinzweige und Hefe hinzufügen und 7 Tage lang gären lassen. Danach in Flaschen umfüllen. Nach zwei Monaten ist der Wein trinkfertig. Als Schnellrezept empfiehlt sich, einen lieblichen bis süßen Rotwein mit Rosmarinwasser zu mischen.

Dies ist eines der ganz seltenen Rezepte aus der Antike, in denen Rosmarin verwendet wurde, der normalerweise nicht als Gewürz diente.

De defruto, caroeno, sapa
Traubensirup

(Palladius 11,18[19])

Vegan
Schwierigkeitsgrad: 2
Zubereitungszeit: 3–4 Std.

Zutaten für 1 l
für **Defrutum**:   5 l Traubensaft,
für **Caroenum**: 1,5 l Traubensaft,
für **Sapa**:   3 l Traubensaft und optional 2 Quitten

Zubereitung

Den Traubensaft so lange einkochen, bis 1 l übriggeblieben ist. Bei der Herstellung von Sapa kann man Quitten mitkochen, um den Geschmack zu verbessern.

De passo
Trockenbeerenmost oder -wein

(Palladius 11,19[20])

Vegan
Schwierigkeitsgrad: 2
Zubereitungszeit: 3–4 Std.

Zutaten für 1 l
ca. 15–20 kg Trockenbeeren (Weinbeeren, die etwa auf die Hälfte des normalen Gewichts eingetrocknet sind)

Zubereitung

Die Trockenbeeren zu Maische verarbeiten und auspressen. Den Saft in Flaschen füllen und kühl lagern.

Aus dem originalen Rezept von Palladius geht nicht hervor, dass der Trockenbeerenmost vergoren werden soll. Demnach handelt es sich um eine Art unvergorenen Trockenbeerenmost. Es darf bezweifelt werden, dass sich dieser Saft unter normalen Umständen länger hält, da er höchstwahrscheinlich anfängt zu gären. Die Produktionsmethode, die von Columella beschrieben wird (RR 12,38), ist wesentlich komplexer. Dort soll man die Trauben in der Sonne trocknen, in frischem Most einweichen, um so einen besonders süßen Most zu erhalten, den man dann 20 Tage lang vergären lässt.

Als moderner Ersatz für das antike Passum eignet sich toskanischer Vin Santo oder Passito di Pantelleria, deren Herstellungsmethode der des antiken Passum sehr ähnelt. Auch andere Passito-Weine wie z. B. der Recioto di Valpolicella oder Trockenbeerenauslesen können durchaus verwendet werden. Bei Sherry und dem griechischen Mavrodaphne und vielen anderen Likörweinen handelt es sich hingegen um Weine, denen Alkohol zugesetzt wurde.

Conditum paradoxum
Paradoxer Gewürzwein

(Apicius 1,1)

Vegetarisch (oder vegan)
Schwierigkeitsgrad: 2
Zubereitungszeit: 24 Std.

Zutaten für 1 l
ca. 300 g Honig (oder Defrutum)
750 ml Weißwein
7 g Pfefferkörner
eine Prise gemahlenes Mastixharz
eine Prise zerstoßene Lorbeerblätter
eine Messerspitze Safran
1 Dattel

Zubereitung

Den Honig mit 7 EL Wein aufkochen. Den Schaum mit etwas Wein ablöschen, die Honigbrühe vom Feuer nehmen und abkühlen lassen. Sobald sie abgekühlt ist, wieder aufkochen lassen, wieder abkühlen und ein drittes Mal aufkochen lassen. Vom Herd nehmen und über Nacht ruhen lassen. Am nächsten Tag abschäumen und die Gewürze hinzufügen. Die Dattel entkernen und in ein wenig Wein einweichen. Den Dattelkern rösten und zusammen mit der eingeweichten Dattel ebenfalls hinzufügen. Am Schluss den restlichen Wein (ca. 620 ml) hinzufügen.

Lora optima
Tresterwein
(Columella 12,40[21])

Vegan
Schwierigkeitsgrad: 2
Zubereitungszeit: ca. 40 Tage

Zutaten für 10 l
30 kg Trester
8 l Wasser
4 ml flüssige Reinzuchthefe

Zubereitung

Den Trester gut mit dem Wasser mischen und über Nacht stehen lassen. Am folgenden Tag noch einmal gut mischen und auspressen. Die Hefe hinzufügen und im Gärballon ca. 30–40 Tage vergären lassen. Nach der Gärung in Flaschen abfüllen.

Posca

Soldatenlimonade

(Kein Originalrezept vorhanden)

Vegetarisch (oder vegan)
Schwierigkeitsgrad: 2
Zubereitungszeit: 10 Min.

Zutaten für 1 l

100 ml Weinessig
850 ml Wasser ohne Kohlensäure (stilles oder Leitungswasser)
50 g Honig (oder Defrutum)

Zubereitung

Die Zutaten werden zusammengemischt. Die Posca ist gleich trinkfertig. Je nach Geschmack kann man sie stärker süßen oder mit Wasser verdünnen.

Paradoxerweise ist für den beliebtesten Softdrink der Antike kein Rezept überliefert. Das hier angegebene Rezept ist also ein unverbindlicher Vorschlag. Die Posca ähnelt dem im folgenden Rezept beschriebenen Hauswein des Cato.

Vinum Familiae

Hauswein

(Cato 104)

Vegan
Schwierigkeitsgrad: 2
Zubereitungszeit: ca. 7–8 Wochen

Zutaten für 10 l

1,6 l Most
300 ml Essig
300 ml Sapa

7,6 l Süßwasser
200 ml Meerwasser (oder 200 ml Süßwasser und 1 EL Meersalz)
4 ml flüssige Reinzuchthefe

Zubereitung

Most, Essig, Sapa, Süßwasser und Hefe mischen und in einen
Gärballon füllen, 5 Tage lang täglich umrühren. Am 10. Tag
das Meerwasser hinzufügen. Wenn die Gärung aufgehört hat
(nach ca. 6 Wochen), auf Flaschen abziehen und kühl lagern.

*Nach Catos Angaben wird dieses Getränk nach der Weinlese hergestellt
und hält sich mehrere Monate lang. Cato sagt zwar nicht, ob und wie
lange es gären soll. Davon, dass es vergoren wird, ist aber auszugehen.
Da der Most mit Wasser stark verdünnt wurde, hatte das Endprodukt
mit Sicherheit einen geringen Alkoholgehalt. Dieses Getränk war für
diejenigen gedacht, die auf dem Landgut arbeiteten, und ähnelt der
vielzitierten Posca.*

De oleo liliaceo
Lilienöl

(Palladius 6,14[22])

Vegan
Schwierigkeitsgrad: 2
Zubereitungszeit: 40 Tage

Zutaten für 1 l

18 frisch geerntete, duftende Lilienblüten (z. B. von der Türken-
bundlilie)
1 l Olivenöl

Zubereitung

Die Lilienblüten in einem Leinensäckchen in das Olivenöl geben, das Gefäß gut verschließen und 40 Tage ruhen lassen.
Dann das Leinensäckchen entfernen und das Öl verwenden.

Bei diesem Rezept ist, ebenso wie in den folgenden Rezepten für Rosen-öl und Kamillenöl, nicht ganz klar, ob diese Öle zur Verwendung in der Küche oder zu kosmetischen Zwecken gedacht sind – beides ist prinzipiell denkbar.

De oleo roseo
Rosenöl

(Palladius 6,15[23])

Vegetarisch (oder vegan)
Schwierigkeitsgrad: 2
Zubereitungszeit: 7 Tage

Zutaten für 1 l
1 kg Rosenblütenblätter oder 0,3 ml Rosenöl
knapp 1 l Olivenöl
50 g Honig (oder Defrutum)

Zubereitung

Die Rosenblütenblätter und den Honig zum Olivenöl geben und sieben Tage lang in einem gut verschlossenen Gefäß an einem sonnigen Ort stehen lassen, danach kühl lagern.

Leichter als mit Rosenblütenblättern lässt sich das Rezept mit Rosenöl zubereiten. Rosenöl erhält man heute leicht im Online-Versandhandel, allerdings ist es eines der teuersten ätherischen Öle.

De oleo chamaemelino
Kamillenöl

(Palladius 7,10)

Vegan
Schwierigkeitsgrad: 2
Zubereitungszeit: 40 Tage

Zutaten für 1 l

1 l Olivenöl
30 g Blütenstände ohne Blütenblätter oder 0,5 ml Kamillenöl
(Rosen- und Kamillenöl ist in der Regel in Mengen ab 1 ml zu
erwerben)

Zubereitung

Die Blütenstände in einem Leinensäckchen in das Olivenöl
geben und in einem gut verschlossenen Gefäß 40 Tage an einer sonnigen Stelle aufstellen oder in einer Korbflasche auf-
hängen, danach kühl lagern.

De rodomeli
Rosenhonig

(Palladius 6,16[24])

Vegetarisch
Schwierigkeitsgrad: 2
Zubereitungszeit: 40 Tage

Zutaten für 1 l

600 ml Rosenwasser
400 g Honig

Zubereitung

Das Rosenwasser mit dem Honig mischen und in einem verschlossenen Gefäß 40 Tage lang an einem sonnigen Ort ruhen lassen.

*Befolgt man das Originalrezept gewissenhaft, so wird die Mischung
aus Honig und Rosenwasser mit hoher Wahrscheinlichkeit anfangen
zu gären und ergibt eine Art Rosenmet. Es ist auf jeden Fall sinnvoll,
dafür einen Gärballon zu verwenden. Beim Abfüllen in Flaschen sollte
man auf Sektflaschen zurückgreifen.*

De hydromelli
Honigwasser

(Palladius 8,7[25])

Vegetarisch
Schwierigkeitsgrad: 2
Zubereitungszeit: ca. 60 Min.

Zutaten für 1 l

750 ml Wasser
250 g Honig

Zubereitung

Den Honig zum Wasser geben, so lange umrühren, bis sich der Honig vollständig im Wasser gelöst hat.

Honigwasser wird nicht vergoren, sollte aber auch möglichst bald verbraucht und kühl gelagert werden.

De oenomelli
Weinhonig

(Palladius 11,17[26])

Vegetarisch
Schwierigkeitsgrad: 2
Zubereitungszeit: 40 – 50 Tage

Zutaten für 10 l

8 l frisch gepressten Traubenmost
2 kg Honig
4 ml flüssige Reinzuchthefe

Zubereitung

Den Honig in ein offenes Gefäß mit dem Traubenmost geben, die Hefe hinzufügen und 40–50 Tage vergären lassen. Dabei das Gefäß nur mit einem Leinentuch bedecken und den Most täglich umrühren. Nach der Gärung in Flaschen umfüllen, diese gut verschließen und kühl lagern.

Das originale Rezept von Palladius ist zwar sehr lang und ausführlich, jedoch werden die gleichen Zutaten verwendet wie für Mulsum. Was also ist der entscheidende Unterschied? Palladius schreibt vor, das Gefäß während der Gärung offen zu lassen und nur mit einem Leinentuch abzudecken. Dadurch ist das Ergebnis allerdings schlecht steuerbar, so dass davon eher abzuraten ist. Daher folgender Vorschlag für eine schnell herzustellende Alternative:

Zutaten für 1 l

850 ml Rotwein
100 g Honig
5 EL Essig (Aceto Balsamico)

Zubereitung

Alle Zutaten zusammengeben, gründlich umrühren und in einem gut verschlossenen Gefäß lagern.

De diamoro
Brombeerhonig

(Palladius 10,16[27])

Vegetarisch
Schwierigkeitsgrad: 2
Zubereitungszeit: 120 Min.

Zutaten für 1 kg

1 l frisch gepresster Brombeersaft
500 g Honig

Zubereitung

Den Brombeersaft ca. 30 Min. lang im offenen Topf kochen lassen, den Honig hinzugeben und weitere 90 Min. lang auf mittlerer Flamme kochen, ohne den Topf zuzudecken, damit der Dampf entweichen kann. Danach noch heiß in Einmachgläser umfüllen, gut verschließen und kühl lagern.

Dieses Rezept erinnert sehr stark an Brombeergelee, das heute natürlich eher mit Gelierzucker als mit Honig zubereitet wird.

De embammate
Salatdressing

(Columella 12,34[28])

Vegan
Schwierigkeitsgrad: 2
Zubereitungszeit: 3–4 Std.

Zutaten für 1 l
knapp 4 l Traubensaft
150 ml scharfer Essig

Zubereitung

Den Traubensaft mit Essig mischen und auf ein Viertel einkochen.

Diese Sauce wurde von Apicius als Dressing für Endiviensalat verwendet. Von der Zusammensetzung her erinnert das römische Embamma ein wenig an Aceto Balsamico, denn auch dieser wird durch Zugabe von Traubenmost verfeinert und gesüßt. Das Embamma enthält jedoch wesentlich weniger Säure und ähnelt damit der inzwischen auch bei uns erhältlichen Crema di Balsamico.

De senapi
Senf

(Palladius 8,9[29])

Vegetarisch (oder vegan)
Schwierigkeitsgrad: 2
Zubereitungszeit: 60 Min.

Zutaten für 1 kg

170 g Senfsaat
550 g Honig (oder Defrutum)
110 g Olivenöl
170 ml Weinessig

Zubereitung

Die Senfsaat staubfein mahlen, den Honig, das Olivenöl und den Essig hinzugeben und zu einer glatten Masse verrühren.

Dieses Rezept ergibt einen sehr süßen Senf.

Laseratum
Lasersauce

(Apicius 1,30,1)

Mit Fisch (oder vegan)
Schwierigkeitsgrad: 2
Zubereitungszeit: 10 Min.

Zutaten für 100 ml

1 TL Asant (Pulver)
6 EL lauwarmes Wasser
2 EL Essig
2 EL Colatura di Alici (oder 1 TL Salz)

Zubereitung

Das Asantpulver mit dem Wasser anrühren. Langsam Essig und Colatura hinzufügen und gut verrühren. Vor der Verwendung einige Stunden an einem kühlen Ort ruhen lassen.

Cuminatum in ostrea et conchylia
Kümmelsauce für Austern und andere Muscheln

(Apicius 1,29,2)

Mit Fisch
Schwierigkeitsgrad: 2
Zubereitungszeit: 10 Min.

Zutaten für 4 Portionen

½ TL Pfeffer
1 TL Liebstöckel
1 TL fein gehackte Petersilie
1 TL getrocknete Minze
1 EL Kumin (Kreuzkümmel), fein gemahlen
1 EL Honig (oder Defrutum)
1 EL Essig
1 TL Colatura di Alici (oder ¼ TL Salz)

Zubereitung

Die Gewürze im Mörser zerstoßen und langsam mit der Flüssigkeit (Honig, Essig und Colatura di Alici) anrühren.

Im Originalrezept steht nicht, ob die Sauce mit rohen oder gekochten Austern serviert werden soll. Da jedoch als Alternative auch andere Muscheln genannt werden, neige ich dazu anzunehmen, dass die Muscheln vorher in Salzwasser gekocht und anschließend mit der Sauce serviert werden sollen.

Oxygarum digestibilem
Essiggarum für die Verdauung

(Apicius 1,34)

Mit Fisch (oder vegan)
Schwierigkeitsgrad: 2
Zubereitungszeit: 10 Min.

Zutaten für 4 Portionen

2 TL Pfeffer
½ TL Asant
1 TL Kardamom
1 TL Kumin (Kreuzkümmel)
2 Lorbeerblätter
1 TL getrocknete Minze
1 EL Honig (oder Defrutum)
4 EL Weißweinessig
2 EL Colatura di Alici (oder 1 TL Salz)

Zubereitung

Die Gewürze im Mörser zerstoßen, sieben und mit Honig anrühren. Vor Gebrauch Essig und Colatura di Alici dazugießen und gut umrühren.

Oxygarum wird von Martial als Salatdressing genannt. Das hier beschriebene Oxygarum kann man also zum Anrichten eines Kopfsalates oder z. B. von Fenchelsalat als Vorspeise verwenden. Genaue Mengenangaben sind im Originalrezept für die Gewürze enthalten. Wer möchte, kann außerdem ein wenig Olivenöl zum Salatdressing hinzufügen.

Ius frigidum Apicianum

Kalte Sauce nach Apicius

(Apicius 6,8 + 8,7,6)

Mit Fisch (oder vegan)
Schwierigkeitsgrad: 2
Zubereitungszeit: 15 Min.

Zutaten für 4 Portionen

1 TL Pfeffer
1 EL Liebstöckel
1 EL Koriander
einige Blätter frische Minze
einige Blätter frische Weinraute
2 EL Colatura di Alici (oder 1 TL Salz)

Variante 1:

3 EL Olivenöl

Variante 2:

1 EL Honig (oder Defrutum)
2 EL süßer Weißwein (z. B. Vin Santo)

Zubereitung

Die Gewürze gründlich im Mörser zerstoßen und mit Colatura di Alici anrühren. Je nach gewünschter Geschmacksrichtung entweder mit Olivenöl oder mit Honig und Weißwein verfeinern.

Diese ungekochte Sauce wird im römischen Kochbuch zu gekochter Gans und gekochtem Spanferkel serviert.

In einer Zeit, in der es noch keine Kühlschränke und Gefriertruhen gab und in der man noch nicht jede erdenkliche Zutat im nächsten Supermarkt frisch oder tiefgefroren kaufen konnte, war das Wissen um die Grundtechniken der Haltbarmachung von Lebensmitteln essentiell. Daher enthielt fast jedes Koch- und Landwirtschaftslehrbuch auch Anweisungen zur Verarbeitung von Lebensmitteln mit dem Ziel, sie lange lagern zu können. Es lohnt sich, das eine oder andere Rezept auszuprobieren.

Epityrum album, nigrum variumque sic facito

Eingelegte Oliven

(Cato, De agri cultura 119)

Vegan
Schwierigkeitsgrad: 2
Zubereitungszeit: ca. 30 Min.

Zutaten für 4 Portionen

250 g frische schwarze oder grüne Oliven
200 ml Olivenöl
2 EL Essig
1 TL Koriander
1 TL Kumin (Kreuzkümmel)
einige frische Fenchelblätter
einige Blätter frische Weinraute
einige Blätter frische Minze

Zubereitung

Die Oliven entkernen, kleinschneiden und in ein entsprechend großes Einmachglas füllen. Die übrigen Zutaten im Mörser zerstoßen, mit Öl und Essig anrühren, über die Oliven geben und gut vermischen.

Olivae columbades
Eingelegte Oliven

(Palladius 12,22,1[30])

Vegetarisch (oder vegan)
Schwierigkeitsgrad: 2
Zubereitungszeit: ca. 3 Tage

Zutaten für 4 Portionen

250 g Oliven
ca. 2–3 EL frische Blätter Poleiminze (oder andere Minze)
100 g Honig (oder Defrutum)
4 EL Essig
1 TL Salz

Zubereitung

Die Oliven in einem Einmachglas aufschichten. Honig, Essig und Salz zusammenrühren. Auf jede Schicht Oliven je 1 EL Minze streuen und sie vorsichtig mit der Flüssigkeit auffüllen. Wenn das Einmachglas voll ist, gut verschließen und vor dem Verzehr mindestens 2–3 Tage kühl lagern.

Da nach Palladius der Inhalt des Einmachglases nicht erhitzt wird, ist von einer längeren Lagerung eher abzusehen.

Olivae conditae
Gewürzoliven

(Palladius 12,22,2[31])

Vegan
Schwierigkeitsgrad: 2
Zubereitungszeit: 40 Tage

Zutaten für 4 Portionen

250 g Oliven
500 ml Salzlake (500 ml Wasser mit 4 EL Salz)
eine Handvoll frische Blätter Minze
100 ml Defrutum
4 EL Essig

Zubereitung

Die Oliven in ein Einmachglas geben und mit Salzlake übergießen, so dass sie davon ganz bedeckt werden. Das Einmachglas verschließen und die Oliven 40 Tage kühl lagern. Danach die Salzlake weggießen, die kleingehackte Minze über die Oliven geben, Defrutum und Essig darübergießen und das Einmachglas verschlossen und kühl lagern.

Auch in diesem Rezept wird der Inhalt des Einmachglases im Originalrezept nicht erhitzt. Daher sollten die Oliven innerhalb einer Woche verbraucht werden.

Nigrarum Olivarum Compositio
Schwarze Oliven

(Columella 12,50,2[32])

Vegan
Schwierigkeitsgrad: 2
Zubereitungszeit: 40 Tage

Zutaten für 4 Portionen

200 g schwarze Oliven
50 g Salz
150 ml Defrutum
5 EL Essig
evtl. trockene Fenchelzweige

Zubereitung

Die Oliven schichtweise in ein Einmachglas geben, jede
Schicht mit Salz bedecken, verschließen und 40 Tage lang
kühl lagern. Nach den 40 Tagen das Salz vollständig entfernen (es darf kein Salz an den Oliven haftenbleiben), die Oliven zurück in das Einmachglas geben und mit dem Gemisch
aus Defrutum und Essig übergießen. Evtl. mit trockenen
Fenchelzweigen bedecken, gut verschließen und kühl lagern.

*Dieses Rezept ist insofern bemerkenswert, als dass auch hier eine Art
Aceto Balsamico, also ein Gemisch aus Essig und eingedicktem Traubensaft, verwendet wird.*

Uvae ut diu serventur
Damit sich Trauben lange halten

(Apicius 1,17)

*Vegan
Schwierigkeitsgrad: 2
Zubereitungszeit: ca. 15 Min.*

Zutaten für 4 Portionen

500 g möglichst unverletzte Weintrauben
1,5 l Regenwasser (oder Leitungswasser)

Zubereitung

Das Regenwasser auf ein Drittel einkochen, noch heiß in ein ausreichend großes Einmachglas gießen und die Trauben hineingeben, das Glas gut verschließen und kühl lagern.

Damit das Rezept funktioniert, muss das Wasser noch kochend heiß sein, wenn es ins Einmachglas gegossen wird. Über das Wasser sagt Apicius, man könne es später Kranken statt Honigwasser zu trinken geben.

Ut mala Cydonia diu serventur
Damit sich Quitten lange halten

(Apicius 1,19)

Vegetarisch
Schwierigkeitsgrad: 2
Zubereitungszeit: ca. 10 Min.

Zutaten für 4 Portionen

500 g ganze Quitten mit Zweig
250 g Honig
250 ml Defrutum

Zubereitung

Quitten mit Zweig vom Baum pflücken, in ein großes Einmachglas geben, mit Honig und Defrutum übergießen und kühl lagern.

Mora ut diu durent
Damit sich Maulbeeren lange halten

(Apicius 1,22)

Vegan
Schwierigkeitsgrad: 2
Zubereitungszeit: ca. 20 Min.

Zutaten für 4 Portionen

1,5 kg Maulbeeren (alternativ: Brombeeren)
500 ml Sapa

Zubereitung

Etwa aus der Hälfte der Maulbeeren Saft pressen. Den Maulbeersaft mit Sapa mischen, die übrigen Maulbeeren in ein ausreichend großes Einmachglas geben, mit dem Gemisch aus Maulbeersaft und Sapa übergießen und kühl lagern.

Statt auf Maulbeeren, die nicht immer leicht zu beschaffen sind, kann man dieses Rezept auch auf Brombeeren anwenden.

Rapae ut diu serventur
Damit sich Rüben lange halten

(Apicius 1,24,2)

Vegetarisch (oder vegan)
Schwierigkeitsgrad: 2
Zubereitungszeit: ca. 20 Min.

Zutaten für 4 Portionen

500 g Speiserüben
1 EL Senfkörner
200 g Honig (oder Defrutum)
200 ml Essig
1 TL Salz

Zubereitung

Die Rüben gründlich reinigen, in ein Einmachglas geben und mit dem Gemisch aus den übrigen Zutaten übergießen.

Solche Rezepte dienten im alten Rom dazu, ungekochte Zutaten so lange wie möglich frisch zu halten, um sie zu einem späteren Zeitpunkt wie frisches Gemüse zubereiten zu können. Da die Zutaten dabei nicht sterilisiert werden, sollte man sie kühl und nicht zu lange lagern.

Fleischlos

Gustum de cucurbitas

Vorspeise aus Kürbissen

(Apicius 3,4,1)

Mit Fisch (oder vegan)
Schwierigkeitsgrad: 2
Zubereitungszeit: 30 Min.
Kochzeit: ca. 20 Min. auf kleiner Flamme

Zutaten für 4 Portionen

1 Flaschenkürbis (ca. 800 g)

Für die Sauce:

½ TL Pfeffer
1 TL Kumin (Kreuzkümmel)
½ TL Asantpulver
einige Blätter frische Weinraute
2 EL Colatura di Alici (oder ½ TL Salz und 2 EL Wein)
1 EL Essig
2 EL Defrutum
etwas gemahlener Pfeffer zum Bestreuen

Zubereitung

Den Kürbis schälen, in mundgerechte Stücke zerteilen und ca. 10 Min. in Salzwasser kochen. Die Weinrautenblätter fein hacken und mit den übrigen Gewürzen, Colatura di Alici, Essig und Defrutum zu einer Sauce anrühren. Sobald die Kürbisstücke gekocht sind, das Wasser abgießen, die Kürbisstücke vorsichtig in einem Tuch auspressen und in eine Pfanne geben, die Sauce darübergießen und dreimal aufkochen lassen. Vom Herd nehmen, mit Pfeffer bestreuen und servieren.

Patina de cucurbitas
Kürbispfanne

(Apicius 3,4,6 und 4,2,10)

Mit Fisch (oder vegan)
Schwierigkeitsgrad: 2
Zubereitungszeit: 40 Min.
Kochzeit: ca. 10 Min. im Topf und 5 Min. in der Pfanne

Zutaten für 4 Portionen

1 Flaschenkürbis (ca. 800 g)
4 EL Olivenöl

Für die Kümmelsauce:

½ TL Pfeffer
1 TL Liebstöckel
1 TL fein gehackte Petersilie
1 TL getrocknete Minze
1 EL Kumin (Kreuzkümmel), fein gemahlen
1 EL Honig (oder Defrutum)
1 EL Essig
1 TL Colatura di Alici (oder ¼ TL Salz)
5 El Weißwein

oder besser:
3 EL Kümmelsauce mit 5 EL Weißwein

Das Rezept für Kümmelsauce ist auf S. 68 zu finden.

Zubereitung

Den Kürbis schälen, würfeln und in Salzwasser garkochen, so dass er noch bissfest ist (ca. 10 Min.). 2 EL Olivenöl in die Pfanne träufeln und heiß werden lassen, die Kürbisstücke hineingeben und kurz anschmoren, mit Kümmelsauce löschen, das restliche Olivenöl darüberträufeln und aufkochen lassen, vom Herd nehmen und servieren.

Dieses Rezept taucht gleich zweimal an verschiedenen Stellen des römischen Kochbuchs in praktisch identischem Wortlaut auf, einmal beim Gemüse und ein zweites Mal bei den Pfannengerichten bzw. Aufläufen.

Herbae rusticae
Kräutersalat

(Apicius 3,16)

Mit Fisch (oder vegan)
Schwierigkeitsgrad: 1
Zubereitungszeit: 10 Min.

Zutaten für 4 Portionen
verschiedene Arten von Kräutern und Salatblättern (z. B. Rucola, Feldsalat etc.)
1 EL Colatura di Alici (oder ½ TL Salz und 1 EL Wein)
3 EL Olivenöl
2 EL Essig

Zubereitung

Die Kräuter in eine Schüssel geben, Colatura di Alici, Olivenöl und Essig darüberträufeln und servieren.

Bei diesem Rezept handelt es sich um nichts anderes als um einen römischen Kräutersalat. Auch das Dressing wirkt wie ein klassisches Salatdressing, bis auf die Colatura di Alici, die an Stelle von Salz verwendet wird. Salate dieser Art wurden bei den Römern als Vorspeise serviert.

Gustum de praecoquis
Vorspeise aus Aprikosen

(Apicius 4,5,4)

Mit Fisch (oder vegan)
Schwierigkeitsgrad: 2
Zubereitungszeit: 25 Min.
Kochzeit: ca. 15 Min. auf kleiner Flamme

Zutaten für 4 Portionen

1 kg Aprikosen oder Nektarinen
200 ml Weißwein
250 ml Passum
1 EL getrocknete Minze
½ TL gemahlener Pfeffer
1 TL Colatura di Alici oder (eine Prise Salz)
1 EL Essig
1 EL Honig (oder Defrutum)
1 EL Olivenöl
1 EL Speisestärke

Zubereitung

Die Aprikosen halbieren, entsteinen und in kaltes Wasser geben. Wein, Passum, Minze, Pfeffer, Colatura di Alici, Essig und Honig zu einer Sauce anrühren. Die Aprikosenhälften mit der glatten Seite nach unten in eine ausreichend große Pfanne legen, mit der Sauce übergießen, das Olivenöl darüberträufeln, kurz aufkochen und auf kleiner Flamme köcheln lassen. Etwas Sauce mit der Speisestärke anrühren und damit die Sauce binden, vom Feuer nehmen, mit etwas gemahlenem Pfeffer bestreuen und servieren.

Dies ist eine sehr empfehlenswerte (und auch im Titel als solche gekennzeichnete) Vorspeise, die leicht zuzubereiten ist und praktisch immer gelingt.

Hypotrimma
Kräuterkäse

(Apicius 1,33)

Mit Fisch (oder vegetarisch)
Schwierigkeitsgrad: 2
Zubereitungszeit: 20 Min.

Zutaten für 4 Portionen

200 g milder Schafs- oder Ziegenfrischkäse
25 g Pinienkerne
25 g Rosinen
4 entkernte Datteln
½ TL grob gemahlener Pfeffer
½ TL Liebstöckel (gemahlen)
½ TL getrocknete Minze (gemahlen)
1 EL Honig
1 EL Essig
1 TL Colatura di Alici (oder ½ TL Salz)
1 EL Olivenöl
1 EL Weißwein (z. B. trockener Marsala)
1 EL Defrutum

Zubereitung

Den Käse gründlich zerstampfen und mit den Gewürzen –
außer Pinienkernen, Rosinen und Datteln – vermengen. Die
Datteln in kleine Stückchen schneiden und mit den Pinienkernen und Rosinen zum Käse mischen.

Patina urticarum calida et frigida
Warmes und kaltes Brennnesselsoufflé

(Apicius 4,2,36)

Mit Fisch (oder vegetarisch)
Schwierigkeitsgrad: 2
Zubereitungszeit: 60 Min.
Kochzeit: 30 Min. bei 180 ° C im Backofen

Zutaten für 4 Portionen

ca. 50 frische Brennnesselblätter
6 Eier
1 EL schwarzer oder grüner Pfeffer (ganze Körner)
6 EL mit Weißwein verdünnte Colatura di Alici (oder 1½ TL Salz
mit 6 EL Weißwein)
100 ml Olivenöl
½ TL gemahlener schwarzer Pfeffer zum Bestreuen

Zubereitung

Die Brennnesselblätter waschen, abtropfen lassen, trocknen, hacken und in einen Topf geben. Den Pfeffer mit etwas Colatura di Alici im Mörser zerstoßen und zu den Brennnesseln geben. Colatura di Alici und Olivenöl hinzufügen und kurz aufkochen lassen. Die Mischung ca. 10 Min. auf kleiner Flamme kochen lassen. Die Eier aufschlagen, mit der Masse verrühren und alles in eine ofenfeste Kasserolle geben. Bei ca. 180°C im Backofen ca. 30 Min. lang backen, herausnehmen, mit Pfeffer bestreuen und servieren.

Dies ist eines der wenigen Rezepte, in denen wir sehr detaillierte Mengenangaben finden. Die Relationen entsprechen dem antiken Original – lediglich zur Menge an Brennnesselblättern steht nichts im Originalrezept.

Ova frixa
Spiegeleier mit Oenogarum

(Apicius 7,19,1)

Mit Fisch (oder vegetarisch)
Schwierigkeitsgrad: 3
Zubereitungszeit: 20 Min.

Zutaten für 4 Portionen

4 Eier
2 EL Olivenöl

Für das Oenogarum:

3 EL Wein (z. B. trockener Marsala)
1 EL Colatura di Alici (oder ½ TL Salz)
1 TL Honig
½ TL Liebstöckel (gemahlen)
½ TL Koriander (gemahlen)

Zubereitung

Das Olivenöl in eine ausreichend große Pfanne geben und die Eier darin braten. Inzwischen das Oenogarum mischen. Wenn die Eier fertig sind, in Portionen zerteilen, das Oenogarum darüberträufeln und servieren.

Ova elixa
Hartgekochte Eier

(Apicius 7,19,2)

Mit Fisch (oder vegetarisch)
Schwierigkeitsgrad: 2
Zubereitungszeit: 20 Min.

Zutaten für 4 Portionen

4 hartgekochte Eier (ca. 6–7 Min.)
1 EL Colatura di Alici (oder ½ TL Salz)

Variante 1:

1 EL Olivenöl
1 EL Marsala

Variante 2:

½ TL Pfeffer
½ TL Asant

Zubereitung

Die Eier hartkochen (ca. 6–7 Min.). Olivenöl und Marsala bzw. Pfeffer und Asant mit der Colatura di Alici anrühren, die gekochten Eier halbieren oder vierteln, mit der Sauce beträufeln und servieren.

In ovis apalis
Weichgekochte Eier

(Apicius 7,19,3)

Mit Fisch (oder vegetarisch)
Schwierigkeitsgrad: 2
Zubereitungszeit: 20 Min.

Zutaten für 4 Portionen

6 nicht zu hart gekochte Eier (ca. 4 Min.)
50 g Pinienkerne
2 EL Weißwein (z. B. trockener Marsala)
1 EL Honig
1 EL Essig
½ TL gemahlener Pfeffer
1 TL Liebstöckel
1 EL Colatura di Alici (oder ½ TL Salz)

Zubereitung

Die Pinienkerne ca. 1 Std. in Weißwein einweichen. Die Eier so kochen, dass sie nicht zu hart werden (à la coque, also ca. 4 Min.). Die übrigen Zutaten mit den zuvor eingeweichten und zerstampften Pinienkernen zusammenrühren und durch ein Sieb drücken. Die gekochten Eier schälen, halbieren, mit der Sauce übergießen und servieren.

Mit Fisch

Patina Lucretiana

Lucretiuspfanne

(Apicius 4,2,25)

Mit Fisch
Schwierigkeitsgrad: 3
Zubereitungszeit: 50 Min.
Kochzeit: ca. 30 Min.

Zutaten für 4 Portionen

750 g Salzfisch (z. B. eingesalzener Kabeljau)
ca. 200 g frische Schnittlauchzwiebeln
1 EL Colatura di Alici
2 EL Olivenöl
100 ml Wasser
1 EL Honig
1 EL Defrutum
1 TL Essig
1 Handvoll frisches Bohnenkraut bzw. 3 EL getrocknetes gerebeltes Bohnenkraut

Zubereitung

Den Salzfisch über Nacht wässern. Am nächsten Tag die Schnittlauchzwiebeln vorbereiten, indem man den Schnittlauch ganz ausgräbt, von der Erde reinigt, wäscht und den grünen Teil der Stengel abschneidet. Die Schnittlauchzwiebeln mit Colatura di Alici, Olivenöl und Wasser in eine Pfanne geben und aufkochen lassen. Den gewässerten Fisch nach ca. 5 Min. in die Pfanne legen und zusammen ca. 20 Min. auf kleiner Flamme kochen lassen. Honig, Essig und Defrutum hinzufügen. Abschmecken. Wenn es zu salzig ist, etwas Honig hinzufügen, wenn zu fad, etwas Colatura di Alici. Das

Bohnenkraut hacken und darüberstreuen. Damit zusammen noch ca. 5 Min. ziehen lassen und servieren.

Hier wird mit dem Schnittlauch nicht besonders sparsam umgegangen, aber Apicius war nicht bekannt für besondere Sparsamkeit, sondern eher für seine kulinarische Kompromisslosigkeit. Für Schnittlauch gibt es in der römischen Küche, jedenfalls in den überlieferten Rezepten, praktisch keine weitere Verwendung. Es empfiehlt sich, den abgeschnittenen Lauch einzufrieren, um ihn für moderne Rezepte aufbewahren zu können.

Patina de pisciculis
Fischpfanne

(Apicius 4,2,30)

Mit Fisch
Schwierigkeitsgrad: 3
Zubereitungszeit: 40 Min.
Kochzeit: ca. 25 Min.

Zutaten für 4 Portionen

750 g Filet von kleinen Fischen oder ganze Fischchen
(z. B. Sardellen)
150 g Rosinen
½ TL gemahlenen Pfeffer
1 EL Liebstöckel
1 EL Oregano
2 kleine gewürfelte Zwiebeln
200 ml Weißwein
5 EL Colatura di Alici (oder ½ TL Salz)
2 EL Olivenöl
1 EL Speisestärke

Zubereitung

Die Fische in Salzwasser garkochen. In der Zwischenzeit alle Zutaten außer den Fischen und der Speisestärke in eine Pfan-

ne geben, kurz aufkochen und 10 Min. auf kleiner Flamme
ziehen lassen. Die Fische, sobald sie gar sind, zu der Sauce in
die Pfanne geben, noch etwa 5 Min. ziehen lassen, die Sauce
mit Speisestärke binden und servieren.

In omne genus conciliorum
Für alle Arten von Schalentieren

(Apicius 9,7)

Mit Fisch und Meeresfrüchten
Schwierigkeitsgrad: 2
Zubereitungszeit: 40 Min.
Kochzeit: 15 Min.

Zutaten für 4 Portionen

1 kg frische Miesmuscheln (die Miesmuscheln werden gewässert,
geputzt und in Salzwasser gegart)

Für die Sauce:

½ TL Pfeffer
1 EL Liebstöckel
1 EL Petersilie
1 EL getrocknete Minze
1 EL Kumin (Kreuzkümmel)
einige Blätter vom Indischen Lorbeer (Zimtblatt)
2 EL Honig
1 EL Colatura di Alici

Zubereitung

Die Muscheln ca. 15 Min. in Salzwasser garkochen und danach
das Fleisch aus den Schalen lösen. Die Zutaten für die Sauce
im Mörser zerstoßen, mit Honig und Colatura di Alici anrühren und mit den gargekochten Muscheln servieren.

Dieses Gericht lässt sich als Muschelsalat servieren. Einzig die Beschaffung des Indischen Lorbeers könnte Schwierigkeiten bereiten. Zwar ist es inzwischen im Onlinehandel und bei sehr gut sortierten Tee- und Gewürzläden erhältlich, aber es handelt sich um ein Gewürz, das seinen Weg in die europäische Küche noch nicht gefunden hat. Sollte man es nicht bekommen, kann man es durch Zugabe von etwas Zimt ersetzen.

In mitulis
Miesmuscheln

(Apicius 9,9)

Mit Fisch und Meeresfrüchten
Schwierigkeitsgrad: 2
Zubereitungszeit: 40 Min.
Kochzeit: 20 Min.

Zutaten für 4 Portionen

1 kg frische Miesmuscheln (die Miesmuscheln werden gewässert, geputzt und im fertigen Sud gekocht)

Für den Sud:

5 EL Colatura di Alici
1 kleingeschnittene Lauchstange
1 EL Kumin (Kreuzkümmel)
200 ml Passum
1 EL gehacktes Bohnenkraut
500 ml Weißwein
ca. 500 ml Wasser

Zubereitung

Die Zutaten (außer den Miesmuscheln) in einem Topf mischen und aufkochen lassen. Den Sud ca. 10 Min. lang kochen lassen, die vorbereiteten Miesmuscheln dazugeben, weitere 10 Min. auf kleiner Flamme kochen lassen und servieren.

Locustam et scillas
Langusten und Riesengarnelen

(Apicius Exc. 17)

Mit Fisch und Meeresfrüchten
Schwierigkeitsgrad: 3
Zubereitungszeit: 30 Min.
Kochzeit: 20 Min.

Zutaten für 4 Portionen

500 g kochfertig vorbereitete Langustenschwänze oder
Riesengarnelen
1 EL grüner Pfeffer (ganze Körner)
1 EL gerebelten Liebstöckel
1 TL gemahlenen Selleriesamen
2–3 EL Essig
1 EL Colatura di Alici
4–5 hartgekochte Eidotter

Zubereitung

Die Langustenschwänze oder Riesengarnelen in leicht gesalzenem Wasser garkochen. In der Zwischenzeit die übrigen Zutaten in einen Topf geben, gut verrühren, die Eidotter zerdrücken und das Ganze kurz aufkochen lassen, evtl. mit etwas Wasser verdünnen. Die Sauce einige Minuten ziehen lassen und die Langustenschwänze bzw. Riesengarnelen damit übergießen.

Mit Fleisch

Gustum de holeribus

Vorspeise aus Gemüse

(Apicius 4,5,2)

Mit Geflügel, Schwein, Fisch
Schwierigkeitsgrad: 3
Zubereitungszeit: 50 Min.
Kochzeit: ca. 35 Min.

Zutaten für 4 Portionen

2 Gemüsezwiebeln (ca. 800–1000 g)
2 EL Colatura di Alici
2 EL Olivenöl
100 ml Weißwein (z. B. trockener Marsala)
100 g Hühnerleber
100 g Schweineleber
ein kleines Spanferkeleisbein ohne Knochen (ca. 200 g)
2 Hähnchenschenkel ohne Knochen
1 TL Pfeffer
1 EL Liebstöckel
200 ml Passum
1 EL Speisestärke

Zubereitung

Die Zwiebeln schälen und in Ringe schneiden. Die Zwiebelringe kurz in Olivenöl anschmoren, mit Weißwein ablöschen, Colatura di Alici hinzufügen und ca. 5 Min. köcheln
lassen. Das Fleisch schnetzeln, zu den Zwiebeln geben und
im geschlossenen Topf ca. 20 Min. lang auf kleiner Flamme
kochen lassen. Währenddessen die Sauce mit Pfeffer, Liebstöckel, 1 EL Colatura di Alici, Passum und etwas Brühe vom
Fleisch anrühren und zum Fleisch und den Zwiebeln gießen.

Im offenen Topf noch ca. 10 Min. kochen lassen. Die verbliebene Flüssigkeit mit Speisestärke binden und servieren.

Obwohl im Titel noch so getan wird, als handle es sich um eine bescheidene Gemüsekreation, fällt diese Vorspeise reichlich üppig aus. Allerdings schien das üppige Speisen beim römischen Geldadel durchaus nicht unüblich gewesen zu sein. Wir können aber davon ausgehen, dass sich auch für das, was davon übrigblieb, dankbare Abnehmer im Haus des Gastgebers fanden.

Omentata isicia
Leberknödel in Wursthaut

(Apicius 2,1,7)

Mit Schwein, Fisch
Schwierigkeitsgrad: 4
Zubereitungszeit: 40 Min.

Zutaten für 4 Portionen

600 g Schweineleber
Wursthaut (Schweinedarm)
1 TL gemahlener Pfeffer
einige Blätter frische Weinraute
2 EL Colatura di Alici
ca. 12 frische Lorbeerblätter

Zubereitung

Die Leber so grillen, dass sie nicht zu hart wird, dann kleinschneiden, Adern und andere harte Stellen entfernen und zusammen mit Pfeffer, Weinraute und Colatura di Alici durch den Fleischwolf drehen. Mit dieser Mischung eine Wursthaut so stopfen, dass in jeden Abschnitt zusätzlich ein Lorbeerblatt hineingegeben werden kann. Diese Würstchen über Buchenholz räuchern und zum Verspeisen erneut grillen.

Cochleas

Weinbergschnecken

(Apicius 7,18,2)

Mit Schnecken, Fisch
Schwierigkeitsgrad: 3
Zubereitungszeit: 20 Min.
Kochzeit: 5 Min.

Zutaten für 4 Portionen

24 Weinbergschnecken aus der Dose
24 Schneckenhäuschen
½ TL Salz
2 EL Olivenöl

Für die Sauce:

½ TL Asant
1 EL Colatura di Alici
1 TL gemahlener Pfeffer
2 EL Olivenöl

Zubereitung

Die Schnecken ohne Haus auf Spießen oder in einer Grill-pfanne grillen, dabei häufig mit Salz bestreuen und mit Oli-venöl beträufeln. Zwischendurch die Sauce aus den übrigen Zutaten vorbereiten. Sobald die Schnecken fertiggegrillt sind, auf die Schneckenhäuschen verteilen, die Sauce mit einem Löffel darübergeben und servieren.

Schnecken waren damals und sind auch heute noch als Vorspeise be-liebt. Hier haben uns die Römer ein recht einfaches Rezept hinterlas-sen, das mit Weinbergschnecken aus der Dose zubereitet werden kann und keine lebendigen Schnecken erfordert. In anderen Rezepten, die im römischen Kochbuch festgehalten sind, sollen die Schnecken zunächst einige Tage gemästet und dann gebraten oder gekocht werden.

Fleischlos

Tisanam farricam

Minestrone

(Apicius 4,4,2)

Mit Fisch (oder vegan)
Schwierigkeitsgrad: 4
Zubereitungszeit: 150 Min.
Kochzeit: 120 Min. auf mittlerer Flamme

Zutaten für 4 Portionen

100 g Kichererbsen
100 g Linsen
100 g getrocknete Erbsen
200 g Gerstengraupen
100 g Wirsingkohl
100 g Rosenkohl
1 EL Natron
100 ml Olivenöl
2 Stangen Lauch
einige Blätter frischer Koriander
1 EL frische Dillspitzen
ein kleines Bündel frische Fenchelblätter
2 Knollen Rote Beten
einige frische kleingeschnittene Malvenblätter (oder 1 EL getrocknete)
1 EL gemahlene Fenchelsamen
1 EL Oregano

½ TL Asant
1 EL Liebstöckel
3 EL Colatura di Alici (oder 1½ TL Salz)
50 g Weißkohl

Zubereitung

Die Kichererbsen, Linsen und Erbsen über Nacht (ca. 12 Std.) einweichen. Am nächsten Tag das Einweichwasser weggießen und zuerst die Kichererbsen und Erbsen in einem Topf mit reichlich Wasser zum Kochen bringen, nach etwa 60 Min. die Linsen und Graupen hinzufügen und weitere etwa 40 Min. im geschlossenen Topf auf mittlerer Flamme kochen lassen, dabei regelmäßig umrühren und darauf achten, dass immer genügend Wasser im Topf ist.

Inzwischen den Wirsing- und Rosenkohl in einem anderen Topf mit Natron in Wasser 20 Min. lang kochen, das Wasser abgießen und den Kohl beiseitestellen.

Die ungeschälten Roten Beten ca. 45 Minuten lang in Wasser garkochen, herausnehmen und schälen.

Dann Lauch, Koriander, Fenchel, Rote Bete, Malvenblätter und den gekochten Kohl kleinschneiden und in den Topf mit den Graupen geben. Öl hineingießen, mit gemahlenem Fenchelsamen, Oregano, Asant und Liebstöckel würzen und noch 20 Min. auf mittlerer Flamme weiterkochen lassen. Dabei Wasser nur noch zufügen, wenn keine Flüssigkeit mehr im Topf ist.

Während es kocht, den Weißkohl kleinschneiden.

Wenn alles gar ist, Colatura di Alici hinzufügen, gut umrühren, alles in eine Servierschüssel umfüllen, mit dem geschnittenen Weißkohl garnieren und servieren.

Aliter vice salsi
Statt Salzfisch

(Apicius 9,13,2)

Mit Fisch (oder vegan)
Schwierigkeitsgrad: 3
Zubereitungszeit: 40 Min.
Kochzeit: 30 Min.

Zutaten für 4 Portionen

800 g geschälte Walnüsse
1 EL Kumin (Kreuzkümmel)
½ TL Pfeffer
3 EL Colatura di Alici (oder 1½ TL Salz)
100 ml Passum oder Caroenum
2 EL Olivenöl

Zubereitung

Die geschälten Walnüsse mit Pfeffer, Kumin und Colatura di Alici zerstoßen oder pürieren und langsam Passum oder Caroenum dazugießen. Die Masse in einen kleinen Fischbräter oder eine entsprechende Schüssel geben, in die Form eines Fisches bringen (evtl. mit einem Pfefferkorn als Auge), Olivenöl darüberträufeln und servieren.

In der Antike und auch im Mittelalter waren Gerichte, die vorgaben, etwas anderes zu sein, als sie waren, nicht unüblich. Im römischen Kochbuch findet man mehrere solche Rezepte. So wird in diesem Gericht Fisch durch Walnüsse ersetzt. Ob dieser Ersatz nicht nur optisch, sondern auch geschmacklich passend ist, möge jeder für sich entscheiden.

Botellum sic facies
Eierwürstchen

(Apicius 2,3,2)

Mit Schwein, Fisch
Schwierigkeitsgrad: 3
Zubereitungszeit: 60 Min.

Zutaten für 4 Portionen

40 hartgekochte Eidotter
200 g Pinienkerne
1 Zwiebel
1 Stange Lauch
1 TL Weihrauchharz
1 TL gemahlener Pfeffer
3 EL Colatura di Alici
Wursthaut (Schweinedarm)

Für den Sud zum Brühen der Würste:

½ l Weißwein
2 EL Colatura di Alici

Zubereitung

Die Zwiebel und den Lauch feinhacken, mit den Eidottern, den Pinienkernen und den übrigen Zutaten vermischen und mehrmals im Fleischwolf auf feinster Stufe mahlen, in die Wursthaut füllen und in Wein ca. 30 Min. lang brühen.

Ein interessantes römisches Beispiel für eine fleischlose Wurst, bei der der Hauptbestandteil hartgekochte Eidotter sind.

Mit Fisch

Minutal marinum

Fischfrikassee

(Apicius 4,3,1)

Mit Fisch
Schwierigkeitsgrad: 3
Zubereitungszeit: 40 Min.
Kochzeit: 30 Min.

Zutaten für 4 Portionen

800 g kleine Fische wie Sardinen, Sardellen oder Sprotten
oder festes Fischfilet (z. B. Goldbrasse oder Seelachs)
250 ml Weißwein (lieblich, z. B. eine Spätlese)
100 ml Olivenöl
2 EL Colatura di Alici (oder 1 TL Salz)
250 ml Fischfond
3–4 Lauchzwiebeln (Frühlingszwiebeln)
einige Blätter frischer Koriander
1 TL Pfeffer
1 EL Liebstöckel
1 EL Oregano
etwas mit Wasser angerührtes Mehl zum Eindicken

Zubereitung

Die Fische vorbereiten (putzen, evtl. entgräten), dann mit
Wein, Öl, Colatura di Alici und Fischfond in einen Topf ge
ben und kurz aufkochen lassen. Danach bei schwacher Hitze
ca. 15 Min. weiterkochen. Die Fische bzw. Filets herausnehmen, in mundgerechte Stücke zerteilen, die Lauchzwiebeln
putzen und kleinschneiden, den Koriander hacken, die übrigen Gewürze hinzufügen und alles zusammen weitere

ca. 10–15 Min. lang auf kleiner Flamme weiterkochen lassen. Zum Abschluss den Fond mit Mehl binden.

Im Originalrezept werden frische Quallen hinzugefügt. Diese sind allerdings so schwer zu bekommen, wenn man nicht direkt am Meer wohnt, dass man von ihrer Verwendung besser absehen sollte. Aber das Gericht schmeckt auch ohne Quallen gut.

Zum Binden von Saucen und Fonds haben die Römer oft einen als »Tracta« bezeichneten Teig verwendet, der aus mit Wasser angerührtem Mehl bestand, das mehr oder weniger getrocknet wurde, so dass man es in die zu bindende Flüssigkeit hineinbröckeln konnte. Damit der Teig nicht klumpt, muss man ein wenig üben, aber man kann auch Speisestärke verwenden wie in der modernen Küche.

Pisum Indicum
Erbsen auf indische Art

(Apicius 5,3,3)

Mit Fisch und Meeresfrüchten
Schwierigkeitsgrad: 3
Zubereitungszeit: 40 Min.
Kochzeit: 25 Min.

Zutaten für 4 Portionen

500 g Erbsen
ca. 500 g ausgenommene kleine Tintenfische (Sepia)
2 EL Tintenfischtinte (Nero di Seppia)
1 Stange Lauch
einige Blätter frischer Koriander
100 ml Olivenöl
3 EL Colatura di Alici
200 ml Weißwein
½ TL gemahlener Pfeffer
1 EL Liebstöckel (gemahlen)
1 EL Oregano (gerebelt)
½ TL gemahlener Kümmel (Wiesenkümmel)
100 ml Passum
ein wenig gemahlener Pfeffer zum Bestreuen

Zubereitung

Die Tintenfische unter Wasser spülen, Lauch und Koriander kleinschneiden und alles zusammen mit der Tintenfischtinte, Öl, Colatura di Alici und Wein in einen Topf geben und aufkochen lassen. Auf mittlerer Flamme ca. 15 Min. lang kochen, um die Flüssigkeit etwas zu reduzieren. Sobald die Tintenfische kochen, die Erbsen in ungesalzenem Wasser in einem anderen Topf aufsetzen und aufkochen lassen. Danach ca. 5 Min. lang kochen lassen. Die gekochten Tintenfische aus dem Sud nehmen und kleinschneiden, Pfeffer, Liebstöckel, Oregano und Kümmel, mit etwas Sud von den Erbsen angerührt, zu den Tintenfischen geben, die man mit den Gewürzen noch etwa 5 Min. ziehen lässt. Das Wasser der Erbsen abgießen, die Tintenfische unter die Erbsen rühren und mit ihnen zusammen noch weitere 5 Min. unter vorsichtigem, aber ständigem Rühren auf kleiner Flamme ziehen lassen. Auf Teller verteilen, mit etwas gemahlenem Pfeffer bestreuen und servieren.

Es gibt in der italienischen Region Lazio heute noch ein ganz ähnliches Gericht, nämlich »Seppie in umido con piselli«, ebenfalls mit Sepia und Erbsen, aber ohne Tintenfischtinte.

Patina solearum

Eine Art Schollenauflauf bzw. Omelett mit Schollenfilets

(Apicius 4,2,28)

Mit Fisch
Schwierigkeitsgrad: 4
Zubereitungszeit: 40 Min.
Kochzeit: 30 Min.

Zutaten für 4 Portionen

4 Schollenfilets zu je ca. 100 g
2 EL Olivenöl
2 EL Colatura di Alici
4 EL Weißwein
1 TL Pfeffer
1 EL Liebstöckel
1 EL Oregano
4 Eier

Zubereitung

Die Eier mit Pfeffer, Liebstöckel und Oregano verrühren. Die Schollenfilets mit Olivenöl, Colatura di Alici und Weißwein in eine Pfanne geben und bei mittlerer Hitze ca. 10–15 Min. kochen lassen, bis fast keine Flüssigkeit mehr in der Pfanne vorhanden ist. Dann die angerührten Eier hinzugeben und auf ganz kleiner Flamme so lange ziehen lassen, bis das Ei stockt.

Patina soliarum

Eine Art Schollenauflauf bzw. Omelett mit Schollenfilets

(Apicius Exc. 19)

Mit Fisch
Schwierigkeitsgrad: 3
Zubereitungszeit: 40 Min.
Kochzeit: 30 Min.

Zutaten für 4 Portionen

4 Schollenfilets zu je ca. 100 g
1 Stange Lauch
2 EL Olivenöl

2 EL Colatura di Alici
4 EL Weißwein
1 TL Pfeffer
1 EL Koriandersamen (gemahlen)
1 EL Oregano
4 Eier

Zubereitung

Die Eier mit Pfeffer und Oregano verrühren. Die Schollenfilets mit dem kleingeschnittenen Lauch, Koriander, Olivenöl, Colatura di Alici und Weißwein in eine Pfanne geben und bei mittlerer Hitze ca. 10–15 Min. kochen lassen, bis fast keine Flüssigkeit mehr in der Pfanne vorhanden ist. Dann die angerührten Eier hinzugeben und auf ganz kleiner Flamme so lange ziehen lassen, bis das Ei stockt.

Bei diesem Rezept handelt es sich ganz offensichtlich um eine Variation des vorhergehenden Rezeptes. Beide Rezepte sind sehr empfehlenswert.

Pisces frixos
Gebratener Fisch

(Apicius Exc. 8)

Mit Fisch
Schwierigkeitsgrad: 3
Zubereitungszeit: 30 Min.
Kochzeit: ca. 15 Min.

Zutaten für 4 Portionen
750 g Fischfilet (z. B. Scholle, Seelachs o. ä.)
etwas Olivenöl zum Braten

Für die Sauce:
½ TL Pfeffer
1 EL Koriandersamen (gemahlen)

½ TL Asant
einige frische Oregano- und Weintraubenblätter
6–8 entsteinte und kleingeschnittene Datteln
1 EL Essig (Aceto Balsamico)
2 El Olivenöl
1 EL Colatura di Alici
100 ml Defrutum

Zubereitung

Den Fisch in Olivenöl von beiden Seiten goldgelb braten. In der Zwischenzeit die Sauce aus den übrigen Zutaten anrühren, die Sauce kurz aufkochen und ca. 10 Min. lang auf kleiner Flamme ziehen lassen. Die fertigen Fischfilets mit der Sauce beträufeln, etwas gemahlenen Pfeffer darüber streuen und servieren.

Pisces inotogonon (1)
Fische mit Weinsauce

(Apicius Exc. 11)

Mit Fisch
Schwierigkeitsgrad: 3
Zubereitungszeit: 40 Min.
Kochzeit: 30 Min.

Zutaten für 4 Portionen
750 g Fischfilet (z. B. Scholle, Seelachs o. ä.)
250 ml Weißwein (z. B. trockener Marsala)
½ TL Pfeffer
1 EL Liebstöckel
einige Blätter frische Weinraute
eine Handvoll frischer Kräuter (z. B. Dill, Oregano, Lauch)
1 EL getrocknete Zwiebel
3 EL Olivenöl
2 EL Colatura di Alici

Zubereitung

Den Weißwein in eine Pfanne geben und aufkochen lassen, dann den Fisch hinzufügen und in der Pfanne ca. 15 Min. lang garen. Inzwischen die frischen Kräuter feinhacken und mit den getrockneten Zwiebeln, Öl und Colatura di Alici mischen. Sobald der Wein fast eingekocht ist, die Gewürzmischung hinzufügen und mit den Fischfilets weitere 10–15 Min. auf kleiner Flamme kochen.

Interessanterweise wird der Wein, der im Titel des Rezeptes angedeutet wird, bei den Zutaten nicht erwähnt. Daher die hier vorgeschlagene Interpretation, dass der Fisch im Wein gekocht werden soll und der eingekochte Wein die Basis der Sauce bildet. Das folgende Rezept ist in dieser Beziehung weit ausführlicher.

Pisces inotogonon (2)
Fische in Weinsauce

(Apicius Exc. 13)

Mit Fisch
Schwierigkeitsgrad: 3
Zubereitungszeit: 40 Min.
Kochzeit: 30 Min.

Zutaten für 4 Portionen

750 g Fischfilet (z. B. Scholle, Seelachs o. ä.)
2 EL Olivenöl
2 EL Colatura di Alici
250 ml Weißwein (z. B. trockener Marsala)
1 Stange Lauch
einige Blätter frischen Koriander
1 TL Pfeffer
1 EL Oregano
1 EL Liebstöckel
evtl. 1 EL Speisestärke

Zubereitung

Die Fischfilets abspülen und in eine Pfanne legen, Öl, Colatura di Alici, Weißwein, Koriander und den grobgeschnittenen Lauch hinzufügen, aufkochen lassen und auf mittlerer Flamme ca. 15 Min. weiterkochen. Danach Lauch und Koriander herausnehmen, mit den übrigen Gewürzen pürieren und wieder hinzufügen. Noch etwa 5 Min. ziehen lassen, dann die Sauce mit Speisestärke binden, mit etwas gemahlenem Pfeffer bestreuen und servieren.

Beide Rezepte für Fische in Weinsauce sind sich relativ ähnlich. Das erste Rezept enthält Weinraute und getrocknete Zwiebel. Beide Zutaten werden im zweiten Rezept nicht genannt, so dass es gelingen sollte, einen deutlichen Unterschied herauszuarbeiten.

Mullos anethatos sic facies

Meerbarben in Dillsauce

(Apicius Exc. 14)

Mit Fisch
Schwierigkeitsgrad: 3
Zubereitungszeit: 40 Min.
Kochzeit: 30 Min.

Zutaten für 4 Portionen

750 g Meerbarbenfilet (wenn man Meerbarbe nicht bekommt, tut es z. B. auch Rotbarsch)
2 EL Olivenöl
2 EL Colatura di Alici
250 ml Weißwein (z. B. trockener Marsala)
1 Stange Lauch
einige Blätter frischer Koriander

Für die Sauce:

1 EL Dill
1 TL gemahlener Pfeffer
2 EL Essig
1 EL Olivenöl
100 ml Passum
1 EL Speisestärke
etwas gemahlener Pfeffer zum Darüberstreuen

Zubereitung

Die Fischfilets in eine ausreichend große Pfanne legen, Öl, Colatura di Alici, Wein, kleingeschnittenen Lauch und Koriander hinzufügen und aufkochen lassen. Auf mittlerer Flamme ca. 20 Min. lang kochen lassen. Dann Dill, Pfeffer, Essig, Öl und Passum in einen Topf geben, kurz aufkochen lassen und mit Speisestärke binden. Diese Sauce in die Pfanne über den Fisch gießen, auf kleiner Flamme noch ca. 5 Min. ziehen lassen, etwas gemahlenen Pfeffer darüberstreuen und servieren.

Auch hier haben wir wieder den Fall, dass die Zutat, nach der das Rezept eigentlich benannt ist, nämlich der Dill, bei der Aufzählung der Zutaten gar nicht vorkommt. Wir sind so frei, ihn in ausreichender Menge hinzuzufügen.

Sarda farsilis
Gefüllter Bonito

(Apicius 9,10,1)

Mit Fisch
Schwierigkeitsgrad: 1
Zubereitungszeit: 60 Min.
Kochzeit: 45 Min.

Zutaten für 4 Portionen

1 Bonito (ca. 1,5 kg, wenn erhältlich, ersatzweise 4 frische Makrelen)

Für die Füllung:

einige Blätter frische Poleiminze (oder 1 EL getrocknete und gerebelte normale Minze)
1 EL Pfeffer (ganze Körner)
1 EL Minze
100 g gehackte Walnüsse
1 EL Honig

Für die Sauce:

2 EL Olivenöl
2 EL Caroenum
1 EL Sardellenpaste

Zubereitung

Den ausgenommenen Bonito putzen und entgräten. Für die Füllung Pfeffer, Minze, Walnüsse und Honig im Mörser zerstampfen, den Bonito damit füllen und zusammennähen oder mit Zahnstochern zusammenstecken. Den gefüllten Bonito in Backpapier oder Aluminiumfolie einwickeln und in einem geschlossenen Gefäß im vorgeheizten Ofen bei 150 °C ca. 60 Min. lang dünsten. Die Sauce aus Olivenöl, Caroenum und Sardellenpaste anrühren und zusammen mit dem Bonito servieren.

Dies ist ein ausgesprochen empfehlenswertes Rezept für ganze Fische, das man unbedingt einmal testen sollte, auch wenn die Zubereitung etwas kompliziert ist.

Sardas sic facies
Bonito

(Apicius Exc. 12)

Mit Fisch
Schwierigkeitsgrad: 4
Zubereitungszeit: 60 Min.
Kochzeit: 45 Min.

Zutaten für 4 Portionen

1 Bonito (ca. 1,5 kg, wenn erhältlich, ersatzweise 4 frische Makrelen)
½ TL gemahlener Pfeffer
1 TL Liebstöckelsamen (oder 1 EL Liebstöckel)
1 EL Oregano
1 EL getrocknete Zwiebel
4 gekochte Eidotter
1 EL Essig
3 EL Olivenöl

Zubereitung

Den ausgenommenen Bonito putzen und in Salzwasser garkochen. Die übrigen Zutaten verrühren und am besten im
Mörser zermahlen, so dass man eine sämige Sauce erhält.
Den fertiggekochten Fisch aus dem Sud nehmen, entgräten,
mit der Sauce übergießen und servieren.

Obwohl im Originalrezept nichts über die Zubereitung des Fisches
selbst gesagt wird, ist anzunehmen, dass er in Salzwasser gargekocht
und nicht gegrillt oder gebraten werden soll. Der Sauce fehlt jegliches
Salz, deshalb sollte das Wasser, in dem der Fisch gekocht wird, nicht zu
wenig gesalzen werden.

Ius in tinno
Thunfisch mit Sauce[33]

(Apicius 10,3,4)

Mit Fisch
Schwierigkeitsgrad: 3
Zubereitungszeit: 40 Min.
Kochzeit: 30 Min.

Zutaten für 4 Portionen

750 g Thunfischfilet bzw. -steaks
2 EL Olivenöl

Für die Sauce:

½ TL Pfeffer
1 TL Kumin (Kreuzkümmel)
1 TL gemahlener Thymian
1 TL gemahlener Koriander
1 Zwiebel
100 g Rosinen
1 EL Essig
1 EL Honig
200 ml Weißwein (z. B. trockener Marsala)
2 EL Colatura di Alici
2 EL Olivenöl
1 EL Speisestärke

Zubereitung

Das Thunfischfilet in Olivenöl braten. Die Zutaten für die Sauce in einen Topf geben, aufkochen lassen und auf mittlerer Flamme ca. 10 Min. lang kochen, so dass die Flüssigkeit etwas einkocht. Danach mit Speisestärke binden und zu dem Thunfisch servieren.

Die Beigabe von Rosinen oder auch Datteln begegnet uns im römischen Kochbuch bei Fisch- und Fleischgerichten öfter. Die Zubereitungsart des Fisches ist im Original nicht näher erläutert. Ich schlage vor, den Fisch zu braten, man kann es aber auch mit gekochtem Thunfisch versuchen.

Pisces frixos
Gebratene Fische

(Apicius Exc. 9)

Mit Fisch
Schwierigkeitsgrad: 3
Zubereitungszeit: 30 Min.
Kochzeit: 20 Min.

Zutaten für 4 Portionen

750 g Fischfilet
2 EL Olivenöl

Für die Sauce:

½ TL gemahlener Pfeffer
1 EL Liebstöckel
1 Lorbeerfrucht
1 TL Koriander
1 EL Honig
2 EL Colatura di Alici
200 ml Passum oder Caroenum
1 EL Speisestärke

Zubereitung

Den Fisch in Olivenöl braten. Die Zutaten für die Sauce (außer der Speisestärke) in einen Topf geben, kurz aufkochen lassen und auf kleiner Flamme im offenen Topf 15 Min. kochen lassen. Danach mit Speisestärke binden, den Fisch auf eine Platte legen, mit der Sauce übergießen und servieren.

Das Rezept sieht ausdrücklich Speisestärke aus Reis vor, was jedoch nicht so wesentlich für den Erfolg zu sein scheint. Cato beschreibt in seinem Buch über die Landwirtschaft die Herstellung von Speisestärke aus Weizen. Natürlich hatten die Römer noch keinen Mais, der den Ausgangsstoff der bei uns am häufigsten verwendeten Speisestärke darstellt.

Pisces assos
Gegrillte Fische

(Apicius Exc. 10)

Mit Fisch
Schwierigkeitsgrad: 3
Zubereitungszeit: 40 Min.
Kochzeit: 30 Min.

Zutaten für 4 Portionen

zum Grillen geeigneter Fisch (z. B. Lachsforelle, ca. 1 kg)

Für die Sauce:

½ TL Pfeffer
1 EL Liebstöckel
1 EL Bohnenkraut
1 EL getrocknete Zwiebel
12 entkernte Datteln
1 EL Dill
4 hartgekochte Eidotter
1 EL Essig
1 EL Honig
2 EL Colatura di Alici
4 EL Olivenöl
1 EL Defrutum

Zubereitung

Den Fisch auf dem Rost oder am Spieß grillen. Inzwischen die Sauce aus den übrigen Zutaten mischen, dazu die Datteln feinhacken und mit den Eidottern und Gewürzen ohne die Flüssigkeiten im Mörser zerreiben oder mit dem Stabmixer pürieren. Dann das Olivenöl ganz langsam unterrühren. Schließlich Essig, Honig, Colatura di Alici, Öl und Defrutum dazugeben und gründlich verrühren, so dass man eine homogene Sauce erhält. Die Sauce nicht kochen. Sobald der Fisch gar ist, entgräten und mit der kalten Sauce servieren.

Mayonnaise war den Römern noch unbekannt – sie wurde erst im 18. Jahrhundert in Europa eingeführt. Dennoch enthalten einige Saucenrezepte der antiken römischen Küche, wie man auch in diesem Rezept sieht, durch die Kombination von Eidottern und Öl bereits Elemente, die an Mayonnaise erinnern. Dass die Eidotter gekocht sein müssen, steht nicht explizit in diesem Rezept, ist aber aufgrund von Angaben in anderen ähnlichen Saucenrezepten zu vermuten.

In piscibus elixis
Gesottener Fisch mit Sauce[34]

(Apicius Exc. 18)

Mit Fisch
Schwierigkeitsgrad: 3
Zubereitungszeit: 50 Min.
Kochzeit: 40 Min.

Zutaten für 4 Portionen
750 g Fischfilet (z. B. Scholle, Rotbarsch o. ä.)

Für die Sauce:
½ TL gemahlener Pfeffer
½ TL gemahlene Senfkörner

1 TL gemahlene Selleriesamen
einige Blätter frischer Liebstöckel
einige Blätter frischer Oregano
2 EL Weißweinessig
100 g Pinienkerne
1 EL Dattelsirup oder 6 feingehackte bzw. pürierte Datteln
1 EL Honig
2 EL Colatura di Alici

Zubereitung

Das Fischfilet in ungesalzenem Wasser garkochen. Für die Sauce die Liebstöckel- und Oreganoblätter feinhacken, gemahlenen Pfeffer, Senf und Selleriesamen hinzufügen und mit Essig anrühren, Dattelsirup oder pürierte Datteln, Honig und Colatura di Alici hinzufügen und gut verrühren. Danach ganze Pinienkerne hinzufügen, gut mischen und zu dem gekochten Fisch servieren.

Die Gewürzzubereitung, die in diesem Rezept Verwendung findet, ist im Prinzip nichts anderes als eine Art Kräutersenfzubereitung, die mit Pinienkernen angereichert wird.

Mit Fleisch

Pisam farsilem

Erbsenauflauf

(Apicius 5,3,2)

Mit Schwein, Geflügel, Lamm, Fisch
Schwierigkeitsgrad: 5
Zubereitungszeit: 180 Min.
Kochzeit: ca. 80 Min. im Topf und 30 Min. im Backofen

Zutaten für 4 Portionen

600 g Erbsen
100 g Schweinebauch
100 g Schweinegulasch
100 g Hühnerbrust
1 Lammhirn (alternativ 100 g Kalbs- oder Lammbries oder auch
eine Wollwurst)
1 rohe grobe Bratwurst
100 g roher Schinken
1 Lauchstange
100 g geröstete Pinienkerne
2 EL Olivenöl
2 EL Colatura di Alici
einige frische Korianderblätter (oder 1 EL gemahlener Koriander)
1 TL gemahlener Pfeffer
1 EL Liebstöckel
1 EL Oregano
1 TL Ingwer
etwas Olivenöl zum Auspinseln der Backform

Für die weiße Sauce:

6 gekochte Eiweiß
½ TL weißer Pfeffer (gemahlen)
50 g Pinienkerne
1 EL Honig
2 EL Weißwein (z. B. trockener Marsala)
1 EL Colatura di Alici (oder ½ TL Salz)

Zubereitung

Schweinebauch, Hühnerbrust, Lammhirn (oder die entsprechende Alternative) und den rohen Schinken würfeln und
mit dem Schweinegulasch ca. 1 Std. lang in etwa 1 l Wasser
mit 2 EL Colatura di Alici (oder 1 TL Salz) kochen lassen. Danach den Lauch und den frischen Koriander hinzufügen und

weitere ca. 20 Min. kochen lassen. Die Pinienkerne in einer Pfanne rösten, bis sie goldgelb sind. Die Bratwurst grillen. Die Erbsen in Salzwasser garkochen (ca. 5 Min. kochen lassen) und das Wasser abgießen. Das Fleisch und den Lauch aus der Brühe nehmen. Eine Glasform mit Alufolie auslegen, die Folie mit Olivenöl bestreichen und mit den gerösteten Pinienkernen bestreuen, dann Erbsen und Fleisch abwechselnd in das Gefäß schichten und mit einer Schicht Erbsen abschließen. Ca. 200 ml von der Fleischbrühe mit Pfeffer, Liebstöckel, Oregano und Ingwer anrühren und über den Auflauf gießen. In den vorgeheizten Ofen geben und bei 180°C ca. 30 Min. lang backen. Während der Auflauf im Ofen ist, eine weiße Sauce zubereiten, indem das gekochte Eiweiß mit gemahlenem weißem Pfeffer, Pinienkernen, Honig, Wein und Colatura di Alici zerstoßen bzw. püriert und dann durch ein Sieb passiert wird. Die Sauce kurz aufkochen lassen. Den Auflauf aus dem Ofen nehmen, vorsichtig auf eine Platte stürzen, mit der Sauce übergießen und servieren.

Dieses Rezept zeigt eindrucksvoll, mit welchem Aufwand einige der apicianischen Rezepte zubereitet werden müssen. Im Originalrezept werden die einzelnen Fleischsorten in verschiedenen Töpfen gekocht. Ich denke aber, dass man das Fleisch gut im selben Topf garkochen kann. Dabei sollte man natürlich die unterschiedlichen Garzeiten berücksichtigen, insbesondere sollte der Lauch nicht völlig zerkocht werden, weshalb man ihn erst am Ende der Garzeit hinzufügen soll.

Conciclam Apicianam

Erbsentopf à la Apicius

(Apicius 5,4,2)

Mit Schwein, Fisch
Schwierigkeitsgrad: 4
Zubereitungszeit: 100 Min.
Kochzeit: ca. 75 Min. bei 200° C im Backofen

Zutaten für 4 Portionen

600 g frische Erbsen

2 Lukanische Würstchen (rohe grobe Bratwürste oder Salami ohne Wursthaut oder Salama da Sugo aus Ferrara)

100 g rohe Schweinehackfleischbällchen

100 g Schweinefleischstücke (z. B. Schweinebauch)

100 g roher Vorderschinken (gewürfelt)

Für die Sauce:

1 TL gemahlener Pfeffer

1 EL Liebstöckel

1 EL Oregano

1 EL Dill

2 EL getrocknete Zwiebel

einige Blätter frischer Koriander (oder 1 TL gemahlener Koriander)

2 EL Colatura di Alici (oder 1 TL Salz)

200 ml Weißwein (z. B. trockener Marsala)

200 ml Olivenöl

Zubereitung

Die Erbsen mit den geschnittenen Würstchen, den Hackfleischbällchen und dem gewürfelten Fleisch in einer Tonkasserolle (am besten in einem Römertopf) abwechselnd aufschichten, am besten mit einer Schicht Erbsen beginnend. Die Sauce aus den Gewürzen mit Colatura di Alici und Weißwein anrühren und über die Erbsen und das Fleisch geben. Zum Schluss das Olivenöl über die *Concicla* geben, mit einem Spießchen überall hineinstechen, damit das Öl aufgesaugt wird, in den vorgeheizten Ofen stellen und ca. 75 Min. bei 200 °C backen.

In anate
Ente

(Apicius 6,2,1)

Mit Geflügel, Fisch
Schwierigkeitsgrad: 4
Zubereitungszeit: 120 Min.
Kochzeit: ca. 90 Min.

Zutaten für 4 Portionen

2 frische Enten (je ca. 750 g)
1 l Wasser
1 TL Salz
2 EL Dill
200 ml Olivenöl
2 EL Colatura di Alici
2–3 Zweige frischer Oregano
2–3 Zweige frischer Koriander
100 ml Defrutum

Für die Sauce:

1 TL Pfeffer
1 EL Liebstöckel
1 EL Kumin (Kreuzkümmel)
½ TL Asant
einige Blätter Weinraute
100 ml Caroenum (Traubensirup)
1 EL Honig
1 EL Essig
1 EL Speisestärke

Zubereitung

Die Enten in Wasser mit Salz und Dill ca. 45 Min. lang kochen und herausnehmen. In einen zweiten Topf Olivenöl und Colatura di Alici geben, die Enten sowie den frischen Oregano und Koriander dazugeben und zugedeckt auf kleiner Flamme weitere ca. 45 Min. lang garen und dabei öfters wenden und mit der Brühe übergießen. Kurz vor Ende der Kochzeit Defrutum hinzufügen.

In der Zwischenzeit die Sauce aus den Gewürzen mit Caroenum, Honig, Essig und etwas Brühe von den Enten anrühren, kurz aufkochen lassen und mit Speisestärke binden. Sobald die Enten gar sind, herausnehmen, auf einer Platte tranchieren, mit der Sauce übergießen und servieren.

Pullus conciclatus
Hähnchen gefüllt mit Erbsentopf

(Apicius 5,4,6)

Mit Geflügel, Lamm, Schwein, Fisch
Schwierigkeitsgrad: 5
Zubereitungszeit: 150 Min.
Kochzeit: ca. 90 Min. bei 200 ° C im Backofen

Zutaten für 4 Portionen

1 großes Hähnchen (ca. 1,2–1,5 kg)
300 g Erbsen
1 Lammhirn (alternativ 100 g Kalbs- oder Lammbries oder auch eine Wollwurst)
1 lukanisches Würstchen (oder eine grobe Bratwurst oder 100 g Salami)
100 g Schweinebauch
1 EL Liebstöckel
1 EL Oregano
1 EL Ingwer
1 EL Colatura di Alici
2 EL Passum (z. B. Vin Santo oder Passito di Pantelleria)
1 EL Weißwein (z. B. trockener Marsala)

Zubereitung

Das Hähnchen von der Brust her entbeinen und die Beine ausgestreckt mit Spießchen zusammenstecken oder zusammenbinden. Das Lammhirn (oder die Alternative), die Würstchen und das Bauchfleisch würfeln. Das Hähnchen mit abwechselnd je einer Schicht Erbsen und gewürfeltem Fleisch füllen.

Die Gewürze mit Colatura di Alici, Passum und Wein anrühren und diese Sauce kurz aufkochen lassen. Die Sauce über die Füllung des Hähnchens gießen. Das Hähnchen in einen Bratbeutel oder in Alufolie einschließen, in eine Glas- oder Tonschüssel geben und im vorgeheizten Ofen ca. 90 Min. bei 200 °C backen, aus dem Bratbeutel herausnehmen und servieren.

Dieses Rezept wurde nicht zwischen den anderen Hähnchenrezepten überliefert. Im Original steht deutlich, dass es auch für Spanferkel geeignet ist, aber normalerweise würde man ein Spanferkel nur zubereiten, wenn man zum Essen mit mindestens 15 Gästen rechnet. Interessanterweise findet sich Pfeffer nicht in der Liste der Gewürze. Dafür verleiht der Ingwer alleine dem Gericht die nötige Schärfe.

Pullum Numidicum
Numidisches Hähnchen

(Apicius 6,9,4)

Mit Geflügel, Fisch
Schwierigkeitsgrad: 4
Zubereitungszeit: 90 Min.
Kochzeit: das Hähnchen erst ca. 45 Min. in Wasser,
dann ca. 20 Min. auf dem Grill, die Sauce ca. 15 Min.
auf kleiner Flamme

Zutaten für 4 Portionen

1 frisches Hähnchen (ca. 1–1,5 kg)

Zum Würzen:

½ TL Asant
½ TL gemahlener Pfeffer

Für die Sauce:

½ TL gemahlener Pfeffer
½ TL Kumin (Kreuzkümmel)
1 EL gemahlene Koriandersamen
½ TL Asant
1 EL Weinraute
10 frische oder getrocknete entkernte und geviertelte Datteln
50 g Pinienkerne
2 EL Essig
2 EL Honig
1 EL Colatura di Alici (oder ½ TL Salz mit 1 EL Weißwein)
2 EL Olivenöl
1 EL Speisestärke

Zubereitung

Das Hähnchen ca. 45 Min. in Wasser kochen, herausnehmen, mit Asant und Pfeffer einreiben und auf einem Spieß ca. 20 Min. grillen. In der Zwischenzeit die übrigen Zutaten außer der Speisestärke zu einer Sauce mischen, bei Bedarf etwas von der Hühnerbrühe hinzugeben, kurz aufkochen und ca. 10 Min. auf kleiner Flamme ziehen lassen. Die Sauce mit der Speisestärke binden, das Hähnchen damit übergießen, mit etwas Pfeffer bestreuen und servieren.

Pullus Varianus

Hähnchen à la Varius

(Apicius 6,9,12)

Mit Geflügel, Fisch
Schwierigkeitsgrad: 3
Zubereitungszeit: 90 Min.
Kochzeit: ca. 75 Min.

Zutaten für 4 Portionen

1 frisches Hähnchen oder Suppenhuhn (ca. 1,2–1,5 kg)
4 EL Colatura di Alici
200 ml Olivenöl
1 l Weißwein
1 Stange Lauch
frischer Koriander
frisches Bohnenkraut

Für die Sauce:

1 TL gemahlener Pfeffer
50 g Pinienkerne
1 EL Colatura di Alici
200 ml Milch
4 hartgekochte Eiweiß

Zubereitung

Das Hähnchen zunächst in einer Brühe aus Weißwein, Olivenöl, Colatura di Alici mit Lauch, frischem Koriander und Bohnenkraut ca. 75 Min. lang kochen. Wenn das Hähnchen bzw. Suppenhuhn gar ist, Pfeffer und Pinienkerne im Mörser zerstoßen, mit Colatura di Alici, Milch und ca. 200 ml der Brühe zu einer Sauce anrühren, aufkochen lassen und mit dem hartgekochten und zerstoßenen Eiweiß binden. Das Hähnchen bzw. Suppenhuhn auf einer Platte anrichten, mit der Sauce übergießen und servieren.

Pullum Frontonianum
Hähnchen à la Fronto

(Apicius 6,9,13)

Mit Geflügel, Fisch
Schwierigkeitsgrad: 3
Zubereitungszeit: 90 Min.
Kochzeit: ca. 60 Min. bei 220 °C im Backofen

Zutaten für 4 Portionen

1 großes frisches Hähnchen (ca. 1,2–1,5 kg)
100 ml Olivenöl
5 EL Colatura di Alici
1 Lauchstange
frischer Dill, Bohnenkraut und Koriander nach Belieben
ca. 100 ml Defrutum
ca. ½ TL gemahlener Pfeffer zum Bestreuen

Zubereitung

Das Hähnchen von allen Seiten anbraten, in eine Ton- oder Glaskasserolle geben, mit Öl und Colatura di Alici übergießen, den Lauch und die Gewürzkräuter hineingeben. Mit geschlossenem Deckel bei 220°C ca. 60 Min. lang backen. Herausnehmen, auf eine Platte legen, mit Defrutum bepinseln, mit Pfeffer bestreuen und servieren.

Pullus tractogalatus
Hähnchen im Milchbrei

(Apicius 6,9,14)

Mit Geflügel, Fisch
Schwierigkeitsgrad: 4
Zubereitungszeit: 90 Min.
Kochzeit: 60 Min.

Zutaten für 4 Portionen

1 frisches Hähnchen oder Suppenhuhn (ca. 1–1,5 kg)
250 ml Weißwein
100 ml Olivenöl
5 EL Colatura di Alici
2 mittelgroße Zwiebeln
1 TL Koriander (frisch oder getrocknet)

Für den Milchbrei:

300 ml Milch
100 ml Wasser
½ TL Salz
ca. 4 EL Mehl

Für die Sauce:

200 ml Defrutum bzw. 600 ml Traubensaft
½ TL gemahlener Pfeffer
1 TL Liebstöckel (frisch oder getrocknet)
1 TL gerebelter Oregano
2 EL Honig
1 TL Speisestärke

Zubereitung

Das Hähnchen bzw. Suppenhuhn in einem nicht zu großen Topf mit Weißwein, Olivenöl, Colatura di Alici, den geviertelten Zwiebeln und Koriander ca. 45–60 Min. kochen, bis sich das Fleisch gut von den Knochen lösen lässt.

Wenn das Hähnchen fast gar ist, die Milch mit Wasser, Salz und etwas Hühnerbrühe in einem zweiten Topf auf kleiner Flamme erwärmen, ohne sie zum Kochen zu bringen. Die Milch vom Feuer nehmen, das Mehl nach und nach mit dem Schneebesen unterrühren. Unter ständigem Rühren auf kleiner Flamme kurz aufkochen lassen.

Das Defrutum oder den Traubensaft in einem weiteren

Topf aufsetzen, Pfeffer, Liebstöckel, Oregano und Honig hinzugeben und aufkochen lassen. Wenn man bereits eingekochten Traubensaft verwendet, nur kurz (ca. 5 Min.) kochen lassen, bei der Verwendung von Traubensaft so lange im offenen Topf kochen lassen, bis der Traubensaft auf etwa ein Drittel eingekocht ist. Die Sauce mit Speisestärke eindicken.

Das Hähnchen aus dem Topf nehmen, sobald es gar ist, das Fleisch von den Knochen lösen, in mundgerechte Stücke zerschneiden, auf eine Servierplatte geben und mit dem Milchbrei übergießen. Die Sauce kann separat serviert oder auch über das auf der Platte angerichtete Hühnchen gegeben werden.

Pullus fusilis
Hähnchen mit flüssiger Füllung
(Apicius 6,9,15)

Mit Geflügel, Schwein, Rind, Lamm, Fisch
Schwierigkeitsgrad: 5
Zubereitungszeit: 120 Min.
Kochzeit: ca. 75 Min. bei 220 °C im Backofen

Zutaten für 4 Portionen
1 großes Hähnchen (ca. 1,2–1,5 kg)
300 g Hackfleisch (gemischt)
1 Lammhirn (alternativ 100 g Kalbs- oder Lammbries oder auch eine Weißwurst)
100 g Dinkel- oder Weizengrieß
2 Eier
200 ml Weißwein
1 EL Olivenöl
1 EL Liebstöckel
¼ TL gemahlener Ingwer
¼ TL gemahlener Pfeffer

1 TL grüne Pfefferkörner
50 g Pinienkerne
1 EL Colatura di Alici (oder ½ TL Salz)

Zubereitung

Das Hähnchen vom Hals her entbeinen (Anleitungen gibt es im Internet, man kann es aber auch den Metzger machen lassen). Das Lammhirn (oder die entsprechende Alternative) in Brühe kochen. Die Füllung in einer Schüssel vorbereiten, indem man Hackfleisch mit dem Grieß und den restlichen Zutaten mischt und gut verrührt, so dass eine glatte Masse entsteht. Das entbeinte Hähnchen damit füllen und die Öffnungen zunähen. Beim Füllen etwas Platz lassen, damit das Hähnchen beim Backen nicht platzt. Im Backofen bei 220°C ca. 75 Min. lang in einer geschlossenen Tonkasserolle (z. B. in einem Römertopf) backen, herausnehmen und servieren.

Ofellas Apicianas
Schweinerollbraten à la Apicius

(Apicius 7,4,2)

Mit Schwein, Fisch
Schwierigkeitsgrad: 4
Zubereitungszeit: ca. 90 Min.

Zutaten für 4 Portionen

800 g Schweinebauch ohne Knochen, Knorpel und Schwarte
1 TL gemahlener Pfeffer

Für die Brühe:

½ TL gemahlener Pfeffer
1 EL Liebstöckel

100 g Erdmandeln
1 EL Kumin (Kreuzkümmel)
2 EL Colatura di Alici (oder 1 TL Salz)
200 ml Passum

Zubereitung

Das Bauchfleisch zusammenrollen, mit Holzspießen zusammenstecken und zuerst im Ofen bei niedriger Temperatur (80°C) etwa 30 Min. lang erhitzen. Danach das Fleisch kurz anbraten und bei schwacher Hitze (d. h. ausreichend weit weg vom Feuer) langsam auf einem Rost grillen, dabei aber öfters wenden und darauf achten, dass es nicht zu dunkel wird.

Die Gewürze im Mörser zerstoßen, dann mit Colatura di Alici und Passum zu einer Sauce anrühren und diese in einen großen Topf gießen.

Das Fleisch vom Grill nehmen, in dünne Scheiben schneiden, in den Topf mit der Sauce geben und aufkochen lassen, dabei die Fleischstücke oft in der Sauce wenden, bis die Sauce vom Fleisch aufgenommen wurde.

Das Fleisch aus dem Topf nehmen, mit Pfeffer bestreuen und servieren.

Es empfiehlt sich, obwohl dies eigentlich nicht so im Rezept steht, das Fleisch, schon bevor es auf den Grillrost kommt, in etwa fingerdicke Scheiben zu schneiden, beidseitig zu grillen und zum Abschluss die vorbereitete Sauce aufnehmen zu lassen. Das Fleisch soll trocken serviert werden, d.h., die Sauce kann im letzten Schritt ruhig komplett eindampfen.

Assaturas
Marinade für Grillbraten

(Apicius 7,5,2)

Mit Schwein, Fisch
Schwierigkeitsgrad: 2
Zubereitungszeit: 30 Min.

Zutaten für 4 Portionen

4 Schweinesteaks zum Grillen (z. B. vom Nacken oder Kamm)

Für die Marinade:

1 EL gehackte frische Petersilie
1 EL Asant
1 EL gemahlener Ingwer
5 Lorbeerfrüchte
1 EL gerebelter Oregano
6 g Erdmandeln
½ TL Indische Kostuswurzel
1 TL Bertram
1 EL gemahlener Selleriesamen
2 EL Pfefferkörner
100 ml Olivenöl
3 EL Colatura di Alici

Zubereitung

Die Zutaten für die Marinade im Mörser möglichst fein zerstoßen und mit Colatura di Alici und Öl anrühren.

Die Schweinesteaks gründlich mit der Marinade bestreichen und mindestens 24 Std. an einem kühlen Ort in einer geschlossenen Schüssel ruhen lassen.

Die marinierten Steaks über Holz oder Holzkohle grillen und servieren.

Die Indische Kostuswurzel oder Königswurz, die in diesem Rezept genannt wird, ist sehr schwer als Gewürz zu beschaffen. Auch Bertram wird kaum noch verwendet, hat aber dadurch, dass Hildegard von Bingen ihn schätzte, eine gewisse Prominenz erhalten. Notfalls kann man auch auf diese Gewürze verzichten, wenn sie nicht zur Verfügung stehen.

Lumbuli
Gefüllte Schweinelendchen

(Apicius 7,8)

Mit Schwein, Fisch
Schwierigkeitsgrad: 4
Zubereitungszeit: 60 Min.

Zutaten für 4 Portionen

2 Schweinelenden
1 TL Pfeffer
100 g Pinienkerne
einige Blätter frischer Koriander
2 EL gemahlener Fenchelsamen
100 ml Olivenöl
2 EL Colatura di Alici
Wursthaut (Schweinedarm)

Zubereitung

Die Schweinelenden längs aufschneiden, so dass beide Hälften zusammenbleiben. In die Öffnung Pfeffer, Pinienkerne, kleingehackte Korianderblätter und Fenchel hineingeben. Die Lenden wieder zuklappen und zunähen (nicht mit Spießchen zusammenstecken!) und Wursthaut darüberziehen.

Das Öl mit Colatura di Alici in eine Pfanne geben und erhitzen und darin die Lenden kurz (ca. 5 Min.) rundum anbraten, dann herausnehmen und auf einem Rost ca. 20–30 Min. lang grillen, dabei öfters wenden. Die Lenden vom Grill nehmen, die Wursthaut und die Fäden entfernen und servieren.

Rezepte für gefüllte Lende findet man auch heute vielfach in Kochbüchern und im Internet. Es handelt sich offensichtlich um einen kulinarischen Dauerbrenner. In den modernen Rezepten liest man oft, dass die Lende mit Speck umwickelt wird. Die Methode, sie wie eine Wurst mit Schweinedarm zu überziehen, scheint dagegen nicht mehr gebräuchlich.

Perna
Schinken in Ölteig

(Apicius 7,9,1)

Mit Schwein
Schwierigkeitsgrad: 4
Zubereitungszeit: 150 Min.
Kochzeit: ca. 90 Min. in Wasser, ca. 120 Min. bei 200 ° C im Backofen

Zutaten für 12 Portionen

3 kg Schinken (roh, nicht geräuchert, mit Schwarte)
60 Feigen
3 Lorbeerblätter
1 EL Honig
1 kg Weizenmehl
350 ml Olivenöl

Zubereitung

Den Schinken mit Feigen und Lorbeerblättern in ungesalzenem Wasser garkochen, nach 90 Min. herausnehmen und die Schwarte ablösen. Ein würfelförmiges Loch aus dem Schinken schneiden und mit Honig füllen. Aus Mehl und Öl einen Teig herstellen und den Schinken damit vollständig umhüllen. Da der Ölteig sehr brüchig ist, ist es empfehlenswert, eine ofenfeste Glasschüssel oder Tonkasserolle in Größe des Schinkens mit Ölteig auszulegen, den Schinken hineinzulegen und mit dem restlichen Teig zu bedecken. Den Schinken im vorgeheizten Backofen ca. 120 Min. bei 200°C backen, herausnehmen, die Schicht Ölteig entfernen und servieren.

Dieses Gericht lässt sich sinnvoll nur mit einem großen Stück Schinken verwirklichen. Daher sind die Mengenangaben hier nicht wie sonst für 4 Portionen, sondern für 12 Portionen angegeben. Das Rezept ähnelt dem heute üblichen Schinken im Brotteig. Sinn der Umhüllung ist natürlich, dass der Schinken während des Backens nicht austrocknet. Der Ölteig hat gegenüber Brotteig den Nachteil, dass er praktisch ungenießbar ist, wenn man ihn, wie im Originalrezept vorgesehen, nur aus Mehl und Öl zubereitet. Alternativ kann man dieses Rezept mit einem Teig aus Mehl und Wasser oder Mehl und Ei (Nudelteig) versuchen.

Petasonem ex musteis

Vorderschinken mit Mostbrötchen (vgl. S. 223)

(Apicius 7,10)

Mit Schwein
Schwierigkeitsgrad: 4
Zubereitungszeit: 240 Min.
Kochzeit: ca. 90 Min. in Wasser, ca. 120 Min. bei 200 ° C im Backofen

Zutaten für 12 Portionen

3 kg Vorderschinken (nicht geräuchert, mit Schwarte, evtl. mit dem Knochen, am besten gepökelt)
600 g Gerstengraupen
25 getrocknete Feigen
3–4 EL Honig

Für die Sauce:

250 ml Passum
2 EL grüner Pfeffer
einige Blätter frische Weinraute
250 ml Weißwein (z. B. trockener Marsala)
12 frische Mostbrötchen (s. S. 223)

Zubereitung

Den Schinken mit Gerstengraupen und den kleingeschnittenen Feigen ca. 90 Min. in Wasser kochen, herausnehmen, mit Honig bestreichen und in einer Tonkasserolle (z. B. im Römertopf) in den Ofen geben. Den Braten während des Backens öfters wenden und mit Honig bepinseln. Den Vorderschinken nach ca. 120 Min. aus dem Ofen nehmen und in Scheiben schneiden.

Für die Sauce Passum, Pfeffer, Weinraute und Weißwein zusammen in einen Topf geben und kurz aufkochen lassen. Die Mostbrötchen in Stücke brechen, die Hälfte der Sauce darübergießen, so dass sich die Stücke vollsaugen. Die andere Hälfte zum Schinken geben und den Schinken zusammen mit der Sauce noch etwa 20 Min. im Ofen ziehen lassen, herausnehmen und zusammen mit den eingeweichten Mostbrötchen servieren.

Auch dieses Gericht sollte man, wie das vorangegangene Schinkenrezept, für eine größere Anzahl von Gästen berechnen. Das Originalrezept sieht für Gerstengraupen und Feigen, mit denen der Schinken gekocht wurde, keine weitere Verwendung vor, aber natürlich steht einer solchen nichts im Wege. Man kann z. B. etwas Olivenöl in einer Pfanne erhitzen, die Gerstengraupen und Feigen hineingeben, kurz schmoren lassen und mit etwas Honig oder Defrutum verfeinern, mit ein wenig gemahlenem Pfeffer bestreuen und dies als Beilage servieren.
Diesem Rezept fehlt jegliches Salz. Man sollte daher entweder gepökelten Vorderschinken verwenden oder mit Salz oder Colatura di Alici abschmecken.

In aprum assum iura ferventia
Gegrilltes Wildschwein mit heißer Sauce

(Apicius 8,1,4)

Mit Schwein, Fisch
Schwierigkeitsgrad: 3
Zubereitungszeit: 20 Min.

Zutaten für 4 Portionen

4 Wildschweinkoteletts (ca. 800 g – 1 kg)

Für die Sauce:

1 EL gemahlener Pfeffer
1 EL gemahlener Kumin (Kreuzkümmel)
1 EL gemahlener Selleriesamen
1 EL Minze (gerebelt)
1 EL Thymian (gerebelt)
1 EL gerebeltes Bohnenkraut
1 EL Saflor
100 g geröstete Pinienkerne oder geröstete Mandeln
2 EL Honig
300 ml Rotwein
3 EL Colatura di Alici
3 EL Olivenöl

Zubereitung

Die Wildschweinkoteletts auf dem Rost grillen. Die Pinienkerne oder Mandeln kurz in einer Pfanne ohne Fett rösten. Die Zutaten außer dem Olivenöl zusammengeben und aufkochen lassen. Auf mittlerer Flamme ungefähr auf die Hälfte oder noch etwas weiter einkochen lassen, dann das Olivenöl hinzufügen, noch kurz auf dem Herd lassen, kochend heiß über die gegrillten Koteletts geben und servieren.

Aliter in aprum assum iura ferventia
Gegrilltes Wildschwein mit heißer Sauce auf andere Art

(Apicius 8,1,5)

Mit Schwein, Fisch
Schwierigkeitsgrad: 3
Zubereitungszeit: 60 Min.

Zutaten für 4 Portionen

1,2 kg Wildschweinkeule

Für die Sauce:

1 EL gemahlener Pfeffer
1 TL gemahlener Selleriesamen
einige Blätter frische Minze
einige frische Liebstöckelblätter
einige Stengel frischer Thymian
100 g geröstete Pinienkerne
400 ml Wein
2 EL Essig
3 EL Colatura di Alici
3 EL Olivenöl
1 Zwiebel
einige Blätter frische Weinraute
2 Eier

Zubereitung

Die Wildschweinkeule langsam auf dem Rost grillen. Die Pinienkerne kurz in einer Pfanne ohne Fett rösten. Wein, Essig, Colatura di Alici und Pinienkerne in einen Topf geben und aufkochen lassen, die Gewürze (Pfeffer, Liebstöckel, Selleriesamen, Minze und Thymian) zusammen im Mörser zerstoßen, hinzufügen und auf mittlerer Flamme weiterkochen lassen, bis die Brühe auf etwa die Hälfte eingekocht ist. Das Olivenöl hineingießen und die Zwiebel würfeln zusammen mit der Weinraute hineingeben. Die Eier aufschlagen, trennen und das Eiweiß langsam in die Sauce rühren. Sobald die Wildschweinkeule fertig ist, mit der heißen Sauce übergießen, mit etwas gemahlenem Pfeffer bestreuen und servieren.

Vitellina fricta
Kalbsbraten

(Apicius 8,5,1)

Mit Rind
Schwierigkeitsgrad: 4
Zubereitungszeit: Variante 1: 90–200 Min., Variante 2: 20 Min.

Zutaten für 4 Portionen

800 g – 1 kg Kalbsschnitzel, -steaks oder Kalbsbraten (z. B. Nuss)
2–3 EL Olivenöl
bei Kalbsbraten: ca. 100 ml Rotwein

Für die Sauce:

1 TL gemahlener Pfeffer
1 EL Liebstöckel (gerebelt)
1 TL gemahlener Selleriesamen
1 TL Kumin (Kreuzkümmel)
1 TL Oregano (gerebelt)
2 EL getrocknete Zwiebel
300 g Rosinen
1 EL Honig
2 EL Essig
200 ml Rotwein
2 EL Colatura di Alici (oder 1 TL Salz)
3 EL Olivenöl
100 ml Defrutum

Zubereitung

Variante 1 mit Kalbsbraten: Den Kalbsbraten in einer Pfanne
mit etwas Olivenöl von allen Seiten gut anbraten, so dass er
saftig bleibt. Danach in einer geschlossenen Tonkasserolle in
den vorgeheizten Ofen geben und bei 250°C unter Zugabe
von etwas Olivenöl und Rotwein je nach Menge 60 (1 kg) bis
180 Min. (3 kg) garen.

Variante 2 mit Kalbsschnitzeln oder -steaks: Die Kalbsschnitzel oder -steaks klopfen, dann mit etwas Olivenöl in
der Pfanne von beiden Seiten gut anbraten und bei schwacher
Hitze ca. 5–10 Min. auf dem Herd lassen und dabei gelegentlich wenden.

Beide Varianten: Die Sauce aus den übrigen Zutaten mischen und kurz aufkochen lassen, dann ca. 10 Min. bei mittlerer Hitze kochen. Dabei nehmen die Rosinen einen großen
Teil der Flüssigkeit auf. Sobald das Fleisch fertig ist, aus dem
Ofen bzw. vom Feuer nehmen, den Braten schneiden und in
der Sauce noch etwa 10 Min. ziehen lassen, die Schnitzel oder
Steaks mit der fertigen Sauce übergießen (die dafür etwas
stärker eingekocht werden kann) und servieren.

*Die Variante mit dem Kalbsbraten (ein Stück vom jungen Rind geht
auch und ist vielleicht noch besser) eignet sich vor allem bei größeren Mengen, da ein zu kleines Bratenstück leicht austrocknet und
dann zu hart wird. Der Rosinenbraten hat sich interessanterweise
bis heute in den Rezeptsammlungen erhalten. Schon im Registrum
Coquine von Jean von Bockenheim[35] aus dem 15. Jahrhundert wird
er als typisch römisches Gericht bezeichnet, und noch immer finden
sich einige Rezepte für Rinderbraten mit Rosinen in modernen Rezeptsammlungen.*

In vitulinam elixam
Gekochtes Kalbfleisch

(Apicius 8,5,3)

*Mit Rind, Fisch
Schwierigkeitsgrad: 3
Zubereitungszeit: 100 Min.*

Zutaten für 4 Portionen
800 g – 1 kg Kalbfleisch

Für die Sauce

1 EL Liebstöckel
1 TL gemahlener Kümmel (Wiesenkümmel)
1 EL Selleriesamen
2 EL Honig
2 EL Essig
200 ml Olivenöl
2 EL Colatura di Alici (oder 1 TL Salz)
1 TL Speisestärke

Zubereitung

Das Kalbfleisch ca. 90 Min. in ungesalzenem Wasser garkochen. Die Zutaten für die Sauce in einen Topf geben, gut verrühren und etwa 5 Min. lang vorsichtig erhitzen, dann mit etwas Speisestärke binden und zusammen mit dem Fleisch servieren.

Es handelt sich bei diesem Rezept eher um eine Art Gewürzöl als um eine Sauce im modernen Sinn. Wegen des beigefügten Olivenöls sollte man diese Mischung nur kurz erhitzen.

Haedinam sive agninam excaldatam

Gedünstetes Zicklein oder Lamm auf andere Art

(Apicius 8,6,2)

Mit Ziege oder Lamm, Fisch
Schwierigkeitsgrad: 3
Zubereitungszeit: 60 Min.

Zutaten für 4 Portionen

12 kleine Lammkoteletts oder Keule vom Zicklein (ca. 1,2 kg)

Für die Sauce:

1 große Zwiebel
einige Blätter frischer Koriander

1 TL Pfeffer
1 EL Liebstöckel
1 TL Kumin (Kreuzkümmel)
2 EL Colatura di Alici (oder 1 TL Salz)
3 EL Olivenöl
500 ml Weißwein (lieblich)
1 EL Speisestärke

Zubereitung

Die Lammkoteletts bzw. das Fleisch vom Zicklein mit Wasser abspülen und in einen großen Topf legen. Die Zwiebel würfeln, den Koriander kleinhacken und mit Gewürzen, Öl und Wein zu den Koteletts geben und aufkochen lassen. Bei schwacher Flamme im zugedeckten Topf ca. 45 Min. kochen lassen. Den Fond mit der Speisestärke binden und servieren.

Wir kennen Lamm und Zicklein heute hauptsächlich gebraten. Daher mag es erstaunen, dass die Römer solche Fleischsorten auch häufig gekocht oder gedünstet aufgetischt haben. Einen Versuch ist es auf jeden Fall wert.

Vulvulae esiciatae

Fleischwürste

(Apicius 2,3,1)

Mit Schwein, Rind, Fisch
Schwierigkeitsgrad: 3
Zubereitungszeit: 60 Min.

Zutaten für 4 Portionen

800 g gemischtes Hackfleisch
1 TL gemahlener Pfeffer
1 TL gemahlener Kumin (Kreuzkümmel)

1 Stange Lauch
einige Blätter frische Weinraute
2 EL Colatura di Alici
2 EL grüner Pfeffer (ganze Körner)
100 g ganze Pinienkerne
Wursthaut (Schweinedarm)

Für den Sud zum Kochen:

1 l Wasser
100 ml Olivenöl
4 EL Colatura di Alici
1 Stange Lauch
2 EL Dill (frisch oder getrocknet, kleingehackt)

Zubereitung

Das Hackfleisch mit dem kleingeschnittenen Lauch und den übrigen Zutaten vermengen und mehrmals auf feinster Stufe durch den Fleischwolf drehen, danach ganze grüne Pfefferkörner und Pinienkerne hinzufügen, gut mischen und in eine Wursthaut füllen.

Für den Sud zum Brühen der Würste den Lauch in Scheiben schneiden und ins Wasser geben, Olivenöl, Colatura di Alici und Dill hinzufügen, kurz aufkochen lassen, die Würste hineingeben und darin auf kleiner Flamme ca. 30 Min. lang brühen lassen.

Lucanicae
Lukanische Würstchen

(Apicius 2,4)

Mit Schwein, Fisch
Schwierigkeitsgrad: 4
Zubereitungszeit: 60 Min.

Zutaten für 4 Portionen

800 g nicht zu mageres Schweinehackfleisch
1 TL gemahlener Pfeffer
1 TL Kumin (Kreuzkümmel)
1 EL Bohnenkraut
einige Blätter frische Weinraute
einige Blätter frische Petersilie
2 Lorbeerfrüchte
3 EL Colatura di Alici (oder 1½ TL Salz)
100 g Speck
1 EL ganze Pfefferkörner
100 g ganze Pinienkerne
dünne Wursthaut (Schweinedarm)
Buchenholz und evtl. Rosmarinzweige zum Räuchern

Zubereitung

Das Schweinehackfleisch mit den Gewürzen außer dem Speck, den ganzen Pfefferkörnern und Pinienkernen mischen und auf feinster Stufe mehrmals durch den Fleischwolf drehen.

Den Speck in kleine Würfel schneiden und mit den ganzen Pfefferkörnern und Pinienkernen zum gemahlenen Fleisch geben, die Masse gut vermengen und die Wursthaut damit füllen. Die Würste sollen nur etwa daumendick werden. Nach dem Füllen mit Buchenholz und Rosmarinzweigen räuchern.

Diese Wurstsorte hat bereits in antiker Zeit viele Anhänger gefunden, was sie zu einem Aushängeschild der antiken Küche machte. Ausgehend von ihrer Herkunftsregion, der italienischen Basilicata (früher Lucania), haben sie sich in den vergangenen 2000 Jahren in den unterschiedlichsten lokalen Küchen als Spezialitäten weiterentwickelt. In der Konsistenz ähneln sie der Salami und groben Bratwürsten.

Et sicium
Hackbraten

(Apicius 2,1,5)

Mit Schwein, Rind, Lamm, Fisch
Schwierigkeitsgrad: 3
Zubereitungszeit: 40 Min.
Kochzeit: 30 Min.

Zutaten für 4 Portionen

600 g gemischtes Hackfleisch
1 Lammhirn (alternativ: 100 g Kalbsbries oder 1 Wollwurst)
3 Eier
1 TL gemahlener Pfeffer
1 EL gemahlener Liebstöckel
1 EL gerebelter Oregano
2 EL Colatura di Alici

Für die Sauce:

½ TL Pfeffer
1 EL Liebstöckel
1 EL Oregano
1 EL Colatura di Alici
200 ml Weißwein
2 EL Passum oder Caroenum
1 EL Mehl

Zubereitung

Das Hirn (oder den entsprechenden Ersatz) zerstampfen und mit Hackfleisch, Eiern, Pfeffer, Liebstöckel und Oregano zu einer glatten Masse verarbeiten, in eine Kasserolle geben und im Ofen ca. 30 Min. bei 180°C backen. Inzwischen die Sauce aus den entsprechenden Zutaten vorbereiten, in einen Topf geben, kurz aufkochen und dann ca. 5 Min. ziehen lassen. Danach etwas Sauce mit dem Mehl anrühren und die Sauce damit binden. Das Fleisch aus dem Ofen nehmen, in Würfel schneiden, auf Teller verteilen, mit der Sauce übergießen und servieren.

Isicia omentata
Fleischklöße in Wursthaut

(Apicius 2,1,7)

Mit Schwein, Rind, Fisch
Schwierigkeitsgrad: 4
Zubereitungszeit: 40 Min.

Zutaten für 4 Portionen

750 g gemischtes Hackfleisch
100 ml Weißwein (z. B. Vin Santo)
1 Weizenbrötchen oder 3 Scheiben Weißbrot, jeweils ohne Kruste
½ TL gemahlener Pfeffer
2 EL Colatura di Alici (oder 1 TL Salz)
2–3 entkernte Myrtenbeeren
100 g Pinienkerne
1 EL grüner Pfeffer (ganze Körner)
Wursthaut (Fettnetz vom Schwein oder Schweinedarm)

Zum Schmoren:

200 ml Caroenum

Zubereitung

Die Kruste des Brötchens bzw. der Weißbrotscheiben entfernen und die Krume in Weißwein einweichen. Hackfleisch, eingeweichtes Brot und die Gewürze mischen, Pfefferkörner und Pinienkerne hineingeben. Die Mischung mit Fettnetz umwickeln bzw. in die Wursthaut stopfen und kleine Wurstkugeln von etwa der Größe einer Walnuss formen und mit Caroenum in einer Pfanne so lange schmoren (ca. 10 Min. auf mittlerer Flamme), bis die Flüssigkeit zäh wird.

Das im Rezept vorgesehene Fettnetz ist inzwischen bei Metzgern, die nicht selbst schlachten, schwer zu bekommen. Alternativ kann man die Mischung in Wursthaut füllen und kurze Würste daraus herstellen, die man nachher in Caroenum schmort.

Ofellas Ostienses
Marinierter Schweinekrustenbraten

(Apicius 7,4,1)

Mit Schwein, Fisch
Schwierigkeitsgrad: 4
Zubereitungszeit: 120 Min.
Kochzeit: 90 Min.

Zutaten für 4 Portionen

1 kg flaches Stück Schweineschulter mit Schwarte

Für die Marinade:

1 TL gemahlener Pfeffer
1 EL gemahlener Liebstöckel
1 TL Dill
1 TL Kumin (Kreuzkümmel)
½ TL Asant
1 Lorbeerfrucht
100 ml Colatura di Alici

Für die Sauce:

½ TL gemahlener Pfeffer
1 TL Liebstöckel
1 EL Colatura di Alici
100 ml Passum
1 EL Speisestärke

Zubereitung

Die Marinade aus den oben genannten Zutaten anrühren und alles im Mörser fein zerstoßen. Die Schwarte der Schweineschulter so einschneiden, wie nachher die Stücke geteilt werden sollen. Das Stück Schweineschulter in eine Schüssel geben und gründlich mit der Marinade bepinseln. Die Schüssel zudecken und das Fleisch darin zwei bis drei Tage ruhen lassen. Danach das Fleisch herausnehmen, zusammenrollen, mit Spießen zusammenstecken und in einer Kasserolle im vorgeheizten Backofen bei 200 °C ca. 75 Min. garen. Kurz bevor das Fleisch fertig ist, die Zutaten für die Sauce in einem Topf zusammenrühren, kurz aufkochen lassen und mit Speisestärke binden. Das Fleisch aus dem Ofen nehmen, an den vorher in der Schwarte gemachten Schnitten aufschneiden und mit der Sauce servieren.

Ius in elixam omnem
Gekochtes Fleisch mit Sauce[36]

(Apicius 7,6,1)

Mit Schwein oder Rind
Schwierigkeitsgrad: 3
Zubereitungszeit: 180 Min.
Kochzeit: 180 Min.

Zutaten für 4 Portionen

800 g – 1 kg Rindfleisch oder Schweinefleisch (Suppenfleisch: Rinderbrust oder auch -zunge oder Schweinebauch oder -rippchen) evtl. 2 Karotten, 2 Zwiebeln und 1 Stange Lauch für die Brühe

Für die Sauce:

1 TL gemahlener Pfeffer
einige Blätter frischer Liebstöckel

einige Blätter frischer Oregano
einige Blätter frische Weinraute
½ TL Asant
1 EL getrocknete Zwiebel
100 ml Weißwein (z. B. trockener Marsala)
100 ml Caroenum
2 EL Honig
2 EL Weinessig
2 EL Olivenöl

Zubereitung

Das Rindfleisch in ungesalzenem Wasser mit Karotten, Zwiebeln und Lauch ca. 3 Std. lang garkochen. Währenddessen für die Sauce Liebstöckel, Oregano und Weinraute ganz fein hacken, Pfeffer, Asant und Zwiebel hinzufügen, mit Honig, Essig und Olivenöl anrühren, Caroenum unterrühren und am Ende mit dem Wein abschmecken. Sobald das Fleisch fertig ist, herausnehmen und mit einem Tuch abtrocknen, aufschneiden und mit der kalten Sauce servieren.

Im Originalrezept sind die Karotten, die Zwiebeln und der Lauch nicht angegeben, aber natürlich sollte man auf die Gelegenheit, eine gute Fleischbrühe herzustellen, nicht verzichten. Auch Salz fehlt im Original.

Ius in elixam
Gekochtes Fleisch mit Sauce[4]

(Apicius 7,6,2)

Mit Rind, Fisch
Schwierigkeitsgrad: 2
Zubereitungszeit: 180 Min.

Zutaten für 4 Portionen

800 g – 1 kg Suppenfleisch vom Rind
evtl. 2 Karotten, 2 Zwiebeln und 1 Stange Lauch für die Brühe

Für die Sauce:

½ TL Pfeffer
einige Stengel frische Petersilie
3 EL Colatura di Alici
2 EL Essig
10 Datteln
10 Silberzwiebeln
2 EL Olivenöl

Zubereitung

Das Rindfleisch in ungesalzenem Wasser mit Karotten, Zwiebeln und Lauch ca. 3 Std. lang garkochen. Währenddessen für die Sauce die Petersilienblätter von den Stengeln abzupfen und feinhacken, die Datteln und Zwiebeln kleinschneiden, alle Zutaten in einen Topf geben und kurz aufkochen lassen, evtl. etwas von der Fleischbrühe hinzufügen. Das fertiggegarte Fleisch aus dem Topf nehmen und mit der heißen Sauce servieren.

Auch hier sollte man, wie im vorherigen Rezept, die Gelegenheit nutzen, eine herzhafte Fleischbrühe herzustellen.

Ius in copadiis
Koteletts mit Sauce[38]

(Apicius 7,6,11)

Mit Schwein, Fisch
Schwierigkeitsgrad: 3
Zubereitungszeit: 40 Min.
Kochzeit: ca. 25 Min.

Zutaten für 4 Portionen

800 g Schweinekoteletts oder Schweinenackensteaks

40 g Mandelstifte

10 Datteln

1 Zwiebel (gewürfelt)

250 ml Traubensaft

2 EL Colatura di Alici

2 EL Olivenöl

1 EL Honig

1 EL Essig (Aceto Balsamico)

1 TL gemahlener Pfeffer

1 EL gemahlener Liebstöckel oder gehackte frische Liebstöckelblätter

1 EL feingehackte Petersilie

2 EL Olivenöl zum Anbraten des Fleisches

Zubereitung

Den Traubensaft auf etwa ein Drittel einkochen, die Mandelstifte kurz in der Pfanne rösten, bis sie sich goldbraun färben, die Datteln entkernen und kleinhacken, die Zwiebel würfeln. Alles zusammen mit den Gewürzen außer der Petersilie in einen Topf geben und ca. 5–10 Min. auf kleiner Flamme kochen lassen. Alternativ kann man auch den Traubensaft in den Topf geben, ohne ihn vorher einzukochen, und die Sauce so lange kochen lassen, bis sie etwa so zähflüssig wie Honig ist.

Währenddessen gibt man 2 EL Olivenöl in eine ausreichend große Pfanne und brät die Koteletts darin auf mittlerer Flamme (ca. 10 Min., dabei immer wieder wenden).

Die fertigen Koteletts mit der Sauce übergießen, mit der gehackten Petersilie bestreuen und servieren.

Porcellum hortolanum
Gartenspanferkel

(Apicius 8,7,14)

Mit Schwein, Geflügel, Schnecken, Fisch
Schwierigkeitsgrad: 5
Zubereitungszeit: 240 Min.
Kochzeit: 180 Min. bei 220 ° C im Backofen

Zutaten für ca. 16 Portionen

1 Spanferkel

Für die Füllung:

Leber, Zunge und Herz des Spanferkels
1 Hähnchen
2 Wachteln
4 Lukanische Würste (oder kräftig gewürzte grobe Bratwürste)
30 Datteln
4 Gemüsezwiebeln
24 vorgekochte Weinbergschnecken ohne Haus
50 g Malvenblätter (geschnitten und getrocknet)
4 vorgekochte und geschälte Rote Beten
2 Stangen Lauch
1 kleiner Sellerie mit Blättern
ca. 250 g Rosenkohl oder Wirsing
eine Handvoll frische Korianderblätter
2 EL Pfeffer (ganze Körner)
200 g Pinienkerne
100 ml Colatura di Alici
1 EL gemahlener Pfeffer
16 Eier

Für die Sauce:

1 EL gemahlener Pfeffer
einige feingehackte Blätter frische Weinraute
4 EL Colatura di Alici

500 ml Passum
4 EL Honig
4 EL Olivenöl
2 EL Speisestärke

Zubereitung

Das Spanferkel vom Hals her entbeinen, so dass die Form der eines Schlauchs ähnelt. Einige Fleischstücke des Spanferkels für die Füllung zur Seite legen.

Das Hähnchen entbeinen und ebenso wie Leber, Zunge und Herz des Spanferkels in mundgerechte Stücke schneiden, die Datteln entsteinen, die Gemüsezwiebeln, Rote Beten und die Sellerieknolle würfeln, die Lauchstangen in Scheiben schneiden, Selleriestengel, -blätter und Korianderblätter kleinschneiden. Alle Zutaten der Füllung mischen und in das Spanferkel füllen, die Eier aufschlagen, verquirlen und über die Füllung gießen.

Das Spanferkel zunähen, in den auf 220°C vorgeheizten Backofen geben und ca. 180 Min. garen – oder aber auf einem geeigneten Grill am Spieß grillen, dabei oft mit Olivenöl bestreichen.

Kurz bevor das Spanferkel fertig ist, die Sauce in einem Topf anrühren, aufkochen und ca. 10 Min. köcheln lassen, danach mit Speisestärke binden.

Sobald das Spanferkel gar ist, auf die Servierplatte legen, am Rücken aufschneiden und mit der Sauce übergießen. Noch einige Minuten mit der Sauce ruhen lassen.

Dies ist wohl das aufwendigste Gericht, das im römischen Kochbuch des Apicius zu finden ist. Man kann es nur mit einem ganzen Spanferkel zubereiten. Eine ganz ähnliche Zubereitung einer mit Würsten gefüllten Sau findet man im Gastmahl des Trimalchio aus dem Satyricon des Petronius[39]. Der Aufwand, das Gartenspanferkel zuzubereiten, ist erheblich: Zunächst benötigt man einen ausreichend großen Grill oder – wie es im Original angegeben ist – einen großen Backofen, dann soll man das Spanferkel vom Hals her entbeinen, was man wahrscheinlich am besten vom Metzger machen lässt. Auch die Zutaten, die man für die Füllung benötigt, haben es in sich.

Die Belohnung für den Aufwand ist ein Festtagsschmaus, der sich sehen lassen und mit dem man eine große Anzahl von Gästen fürstlich bewirten kann.

Porcellum coriandratum

Spanferkel mit Koriandersauce

(Apicius Exc. 20)

Mit Schwein, Fisch
Schwierigkeitsgrad: 4
Zubereitungszeit: 60 Min.
Kochzeit: 45 Min.

Zutaten für 12 Portionen

1 kleines Spanferkel oder 2,5–3 kg Spanferkelrollbraten
100 g Rosinen
100 g Pinienkerne
1 kleine Zwiebel

Für die Sauce:

1 EL gemahlener Pfeffer
2 EL getrocknete Dillspitzen
2 EL gerebelter Oregano
eine Handvoll frische Korianderblätter
2 EL Honig
200 ml Rotwein (z. B. Chianti)
4 EL Colatura di Alici
4 EL Olivenöl
2 EL Rotweinessig
4 EL Defrutum

Zubereitung

Das Spanferkel bzw. den Rollbraten langsam am Spieß oder auf dem Rost grillen.

Den frischen Koriander feinhacken und mit den übrigen Zutaten für die Sauce in einen Topf geben und gut verrühren. Die Sauce aufkochen und dann 20 Min. auf mittlerer Flamme etwas einkochen lassen.

Wenn der Rollbraten bzw. das Spanferkel fertig ist, in Portionen zerlegen, mit der Sauce übergießen, mit Rosinen, Pinienkernen und gehackter Zwiebel bestreuen und servieren.

Die Kombination von Rosinen oder Pflaumen, Pinienkernen und frischem Koriander taucht auch in einigen anderen Rezepten des römischen Kochbuchs auf und wird dort gelegentlich als »alexandrinisch« bezeichnet, was auf einen ägyptischen Ursprung hindeutet. Auch in der modernen orientalischen Küche finden sich ähnliche Kombinationen.

Haedus sive agnus crudus
Zicklein oder Lamm roh zubereitet

(Apicius 8,6,8)

Mit Lamm
Schwierigkeitsgrad: 3
Zubereitungszeit: 75 Min.
Kochzeit: 60 Min.

Zutaten für 4 Portionen

800 g Lammfleisch (kleingeschnitten)
6 EL Olivenöl
1 TL gemahlener Pfeffer
1 EL Koriander
1 EL grobes Salz

Zubereitung

Das Lammfleisch wird mit Olivenöl und Pfeffer eingerieben, mit Salz und Koriander bestreut und in einer Kasserolle bei 250°C ca. 30 Min. im Ofen gegart. Dabei sollte es öfters gewendet werden.

Agnum simplicem
Einfaches Lamm (gekocht)

(Apicius Exc. 27)

Mit Lamm, Fisch
Schwierigkeitsgrad: 3
Zubereitungszeit: 70 Min.
Kochzeit: 60 Min.

Zutaten für 4 Portionen

1 kg Lammkoteletts
100 ml Olivenöl
3 EL Colatura di Alici
100 ml Weißwein
1 Stange Lauch
einige Blätter frischer Koriander

Zubereitung

Die Lammkoteletts gründlich abspülen, den Lauch putzen und kleinschneiden, den Koriander feinhacken, alle Zutaten in den Topf geben und aufkochen lassen. Ca. 60 Min. unter gelegentlichem Umrühren auf mittlerer Flamme kochen lassen und servieren.

Dieses Rezept ist natürlich nicht sehr einfallsreich, weder was die Zutaten noch was die Zubereitung betrifft. Die Kombination von Lauch und Koriander kommt in mehreren Rezepten aus dem römischen Kochbuch vor und war relativ beliebt.

Leporem farsum
Gefüllter Hase

(Apicius 8,8,3)

Mit Hase, Fisch (ggf. mit Rind, Schwein)
Schwierigkeitsgrad: 4
Zubereitungszeit: 150 Min.
Kochzeit: 120 Min.

Zutaten für 6 Portionen

1 Hase (gehäutet und ausgenommen)
2 l Milch
100 ml Colatura di Alici
1 TL gemahlener Pfeffer
1 TL Asant

Für die Füllung:

Fleisch vom Hasen selbst (Herz, Leber etc., ersatzweise 250 g
gemischtes Hackfleisch)
100 g Pinienkerne
100 g Mandeln
100 g gehackte Walnüsse
2 EL Pfeffer (ganze Körner)
4 Eier

Für die Sauce:

einige Blätter frische Weinraute
1 TL gemahlener Pfeffer
2 Zwiebeln
2 EL Bohnenkraut (getrocknet und gerebelt)
20 Datteln (entsteint)
2 EL Colatura di Alici
400 ml Caroenum oder Würzwein

Zubereitung

Den Hasen am Vortag in eine Schüssel mit Milch geben, um seinen strengen Geschmack abzumildern. Danach aus der Schüssel nehmen und mit Wasser abspülen. Die Füllung aus den angegebenen Zutaten vorbereiten und den Hasen damit füllen.

Den Hasen in einen Römertopf oder Gänsebräter legen, mit einer Mischung aus Colatura di Alici, Pfeffer und Asant übergießen und im vorgeheizten Backofen bei 220°C ca. 120 Min. garen.

Kurz bevor der Hase fertig ist, die Sauce vorbereiten: die Zwiebeln in Scheiben schneiden, mit den übrigen Zutaten in einen Topf geben und aufkochen lassen. Die Sauce ca. 30 Min. lang auf kleiner Flamme im offenen Topf einkochen lassen, bis sie dickflüssig wird.

Den Hasen aus dem Sud nehmen, zerlegen, zusammen mit dem Sud auf einer Platte anrichten. Die Sauce in eine Sauciere umfüllen und mit dem Hasen servieren.

Leporem conditum
Hase mit würziger Sauce

(Apicius 8,8,13)

Mit Hase, Fisch
Schwierigkeitsgrad: 3
Zubereitungszeit: 120 Min.
Kochzeit: 90 Min.

Zutaten für 4 Portionen
1 Hase oder Kaninchen (gehäutet und ausgenommen)
750 ml Rotwein
750 ml Wasser

100 ml Colatura di Alici (oder 1 EL Salz)

2 EL Senf

2 EL getrocknete Dillspitzen

2 Stangen Lauch mit Wurzel

Für die Sauce:

1 TL gemahlener Pfeffer

1 EL Bohnenkraut (getrocknet und gerebelt)

1 Gemüsezwiebel

20 Datteln (entsteint)

2 Trockenpflaumen (entsteint)

100 ml Rotwein

2 EL Colatura di Alici

100 ml Caroenum

2 EL Olivenöl

1 EL Speisestärke

Zubereitung

Den Hasen in einen Topf mit Rotwein, Wasser, Colatura di Alici, Senf, Dill und dem kleingeschnittenen Lauch geben und ca. 120 Min. lang auf kleiner Flamme zugedeckt garkochen.

Kurz bevor der Hase fertig ist, die Sauce vorbereiten: die Zwiebel in Scheiben schneiden, mit den übrigen Zutaten außer der Speisestärke in einen Topf geben und aufkochen lassen. Die Sauce ca. 15 Min. lang auf kleiner Flamme köcheln lassen. Danach mit Speisestärke binden.

Den Hasen aus dem Sud nehmen, zerlegen, mit der Sauce übergießen und servieren.

Fleischlos

Panis depsticius

Knetbrot

(Cato 74)

Vegan
Schwierigkeitsgrad: 3
Zubereitungszeit: 40 Min.

Zutaten für 4 Portionen (als Beilage)
400 g Weizenmehl
200 ml Wasser

Zubereitung

Das Mehl unter langsamer Zugabe von Wasser zu einem Teig verkneten, der außen nicht mehr klebrig sein sollte. Diesen Teig zu einem Laib Brot formen und in einer geschlossenen Ton- oder Glasschüssel backen.

Cato erwähnt in seinem Rezept keinerlei Backtriebmittel, also weder Sauerteig noch Hefe. Auch fügt er weder Salz noch Honig hinzu, so dass das Ergebnis heutigen Essern relativ geschmacklos vorkommt. Es eignet sich jedoch durchaus als Beilage zu kräftig gewürzten Speisen. Das Brot wird sehr fest und sollte möglichst frisch verspeist werden.

Cucurbitas more Alexandrino
Kürbisse auf alexandrinische Art

(Apicius 3,4,3)

Mit Fisch (oder vegan)
Schwierigkeitsgrad: 3
Zubereitungszeit: 60 Min.

Zutaten für 4 Portionen (als Beilage)

1 Kürbis (ca. 1 kg)
½ TL Salz

Für die Sauce:

½ TL gemahlener Pfeffer
1 TL Kumin (Kreuzkümmel)
1 EL gemahlener Koriander
einige Blätter frische Minze
½ TL Asant
2 EL Essig
10 entkernte Datteln
100 g Pinienkerne
1 EL Honig (oder Defrutum)
2 EL Colatura di Alici (oder ½ TL Salz mit 2 EL Weißwein)
1 EL Defrutum
2 EL Olivenöl

Zubereitung

Den Kürbis schälen, würfeln, in ungesalzenes Wasser geben, aufkochen lassen und ca. 10 Min. auf kleiner Flamme kochen, so dass er noch fest bleibt. Die Kürbisstücke aus dem Wasser nehmen, das Wasser vollständig abtropfen lassen, die Kürbisstücke auspressen (dazu am besten in ein Küchentuch einwickeln), in eine Pfanne legen und mit Salz bestreuen.

Die Sauce aus den übrigen Zutaten vorbereiten, dazu die Minze kleinschneiden und mit Datteln und Pinienkernen unter Zugabe von Essig mit dem Stabmixer oder im Mörser pürieren. Die Sauce schließlich mit Honig, Colatura di Alici, Defrutum und Olivenöl anrühren und über die Kürbisstücke gießen. Alles zusammen aufkochen und ca. 5 Min. lang ziehen lassen – dabei die Kürbisstücke einige Male wenden – und servieren.

Das »Alexandrinische« dieser Sauce ist wohl die Kombination von Datteln, Pinienkernen und Koriander. In anderen Rezepten des römischen Kochbuchs werden Rezepte mit vergleichbaren Zutatenkombinationen ebenfalls als alexandrinisch bezeichnet. Auch die moderne orientalische Küche bietet Rezepte mit ähnlichen Kombinationen von Zutaten.

Aliter cucumeres
Gurkensalat auf andere Art

(Apicius 3,6,3)

Mit Fisch (oder vegan)
Schwierigkeitsgrad: 1
Zubereitungszeit: 20 Min.

Zutaten für 4 Portionen (als Beilage)
1 kg Schmorgurken oder Zucchini

Für das Dressing:
½ TL Pfeffer
einige Blätter frische Poleiminze oder andere Minze
½ TL Asant
1 EL Honig oder Passum
1 EL Colatura di Alici (oder ½ TL Salz mit 1 EL Weißwein)
1 EL Essig

Zubereitung

Die Gurke bzw. die Zucchini schälen, halbieren und entkernen, in fingerdicke Scheiben schneiden und in eine Pfanne geben, mit Wasser ca. 10 Min. kochen lassen. In der Zwischenzeit das Dressing aus den übrigen Zutaten zusammenrühren. Sobald die Gurken bzw. Zucchini gekocht sind, das Wasser abgießen, sie in eine Salatschüssel geben und mit dem Dressing anrichten.

Cymas

Brokkoli, Blumenkohl oder Rosenkohl

(Apicius 3,9,1)

Vegan
Schwierigkeitsgrad: 3
Zubereitungszeit: 45 Min.
Kochzeit: 30 Min. auf mittlerer Flamme

Zutaten für 4 Portionen (als Beilage)
600 g Brokkoli, Blumenkohl oder Rosenkohl
1 TL Kumin (Kreuzkümmel)
½ TL Salz
100 ml Weißwein (am besten Marsala)
100 ml Olivenöl

Zubereitung

Den Kohl in ungesalzenem Wasser ca. 20 Min. lang garkochen. Den Kohl kleinschneiden (bei Rosenkohl die Röschen halbieren oder vierteln) und in eine Salatschüssel geben. Das Dressing aus Kumin, Salz, Wein und Öl anrühren, den Kohlsalat damit anmachen und servieren.

Es handelt sich hier um ein kaltes Dressing für gekochten oder ungekochten Kohlsalat. Auf welche Kohlsorte sich das Originalrezept genau bezieht, ist nicht bekannt. Viele der heute bekannten Kohlsorten wurden jedoch relativ spät, erst etwa ab dem 16. Jahrhundert, aus früheren Formen gezüchtet. Auch heute sind einige frühe Formen noch von lo-

kaler Bedeutung, insbesondere in Griechenland. Unser Rezept ist wohl
zur Zubereitung junger Sprossen solcher Kohlsorten gedacht, eignet
sich aber ebenso für Blumenkohl und insbesondere für Brokkoli.

Culiculi elixati
Kleine gekochte Kohlköpfe

(Apicius 3,9,3–6)

Mit Fisch (oder vegan)
Schwierigkeitsgrad: 3
Zubereitungszeit: 45 Min.
Kochzeit: 25 Min. auf mittlerer Flamme

Zutaten für 4 Portionen (als Beilage)

Grundrezept:

600 g Rosenkohl oder Blumenkohl
1 EL Colatura di Alici (oder ½ TL Salz)
2 EL Olivenöl
1 EL würziger Weißwein (z. B. trockener Marsala)
1 TL Kumin (Kreuzkümmel)
1 Lauchzwiebel
4–5 frische Korianderblätter

Variante 1:

1 Stange Lauch

Variante 2:

ca. 20 entsteinte grüne Oliven

Variante 3:

100 g Dinkel (geschält oder geschliffen)
100 g Pinienkerne
100 g Rosinen
etwas Pfeffer zum Bestreuen

Zubereitung

Grundrezept:

Den Rosenkohl oder Blumenkohl in Salzwasser garkochen (ca. 20 Min.). Den Kohl aus dem Wasser nehmen, in mundgerechte Stücke zerteilen und in eine Pfanne geben, die Gewürzsauce aus Colatura di Alici, Olivenöl, Wein und Kumin über den Kohl geben, den Kohl darin ca. 5 Min. schmoren lassen, Lauchzwiebel und Korianderblätter feinhacken und den Kohl damit und mit einer Prise Kumin bestreuen und servieren.

Variante 1:

Den Lauch in Scheiben schneiden und den Kohl damit zusammen kochen (ca. 20 Min.). Ansonsten wie im Grundrezept angegeben.

Variante 2:

Den Kohl zusammen mit den entsteinten grünen Oliven kochen (ca. 20 Min.). Ansonsten wie im Grundrezept angegeben.

Variante 3:

Dinkelkörner in Wasser garkochen (15–30 Min.), mit Pinienkernen und Rosinen mischen, über den nach dem Grundrezept zubereiteten Kohl geben, Pfeffer darüberstreuen und servieren.

Besonders interessant ist der Vorschlag, den fertigen Kohl mit einer Haube aus Grütze, Pinienkernen und Rosinen zu bedecken. Auf der einen Seite verleiht das dem sehr bodenständigen Kohlrezept eine exotische Note, auf der anderen Seite führt es den Genießer zunächst auf eine falsche Spur, wenn man den Kohl geschickt unter der Schicht versteckt.

Aliter olus molle

Weiches Gemüse auf andere Art

(Apicius 3,15,2)

Mit Fisch (oder vegan)
Schwierigkeitsgrad: 3
Zubereitungszeit: 30 Min.
Kochzeit: 20 Min.

Zutaten für 4 Portionen (als Beilage)

1 große Sellerieknolle
1 EL Natron (Natriumhydrogencarbonat)

Für die Sauce:

½ TL Pfeffer
einige Blätter frischer Liebstöckel
einige Blätter frischer Oregano
1 kleine Zwiebel
100 ml würziger Weißwein (z. B. trockener Marsala)
1 EL Colatura di Alici (oder ½ TL Salz)
2 EL Olivenöl

Zubereitung

Die Sellerieknolle schälen, vierteln und in Wasser mit Natron ca. 20 Min. lang garkochen. Währenddessen das Olivenöl in einem Topf erhitzen, die Zwiebel würfeln und im Olivenöl anschmoren, Liebstöckel und Oregano hacken und hinzufügen, mit Wein und Colatura di Alici ablöschen und den gemahlenen Pfeffer hinzufügen. Die Sauce ca. 5 Min. lang kochen lassen. Wenn der Sellerie fertig ist, aus dem Wasser nehmen, auspressen, kleinschneiden und mit der heißen Sauce servieren.

Intuba
Endivien

(Apicius 3,18,1)

Mit Fisch
Schwierigkeitsgrad: 1
Zubereitungszeit: 10 Min.

Zutaten für 4 Portionen (als Beilage)

1 Kopf Endiviensalat
1 EL Colatura di Alici (oder ½ TL Salz mit 1 EL Weißwein)
2 EL Olivenöl
2 EL würziger Weißwein (z. B. trockener Marsala)
1 kleine Zwiebel
oder:
1 Kopf Endiviensalat
100 ml »Embamma« oder eine Mischung aus 4 EL Honig und 2 EL
scharfem Essig

Zubereitung

Den Endiviensalat reinigen und kleinschneiden. Das Dressing aus den übrigen Zutaten mischen, in die Schüssel mit dem Endiviensalat geben, gut durchmischen und servieren.

Das Rezept für »Embamma« findet sich am Anfang dieses Kochbuchs
(S. 66).

Caroetae frictae
Gebratene Karotten

(Apicius 3,21,1)

Mit Fisch (oder vegan)
Schwierigkeitsgrad: 2
Zubereitungszeit: 15 Min.

Zutaten für 4 Portionen (als Beilage)
4 mittelgroße Karotten
200 ml Olivenöl
100 ml Weißwein
2 EL Colatura di Alici (oder ½ TL Salz)

Zubereitung

Die Karotten in sehr dünne Scheiben schneiden. Das Olivenöl in einer großen Pfanne erhitzen und die Karotten darin auf
mittlerer Flamme unter gelegentlichem Wenden frittieren.
Inzwischen aus Weißwein und Colatura di Alici ein Dressing
anrühren. Sobald die Karotten fertig sind, aus der Pfanne
nehmen, das verbliebene Öl abtropfen lassen und mit dem
Dressing servieren.

Aliter caroetas (1)
Karottensalat

(Apicius 3,21,2)

Vegan
Schwierigkeitsgrad: 1
Zubereitungszeit: 10 Min.

Zutaten für 4 Portionen (als Beilage)
4 kleine Karotten

Für das Dressing:
½ TL Salz
2 EL Olivenöl
1 EL Essig

Zubereitung

Die Karotten putzen und in ganz dünne Streifen schneiden. Das Dressing aus Salz, Öl und Essig in einer Salatschüssel anrühren, die Karotten dazugeben, mehrmals wenden und etwa 30 Min. lang ziehen lassen.

Beim Dressing dieses Karottensalates handelt es sich ganz offensichtlich um das klassische Salatdressing, das sich auch in der antiken römischen Küche bereits bewährt hat.

Aliter caroetas (2)
Karotten in Kümmelöl

(Apicius 3,21,3)

Vegan
Schwierigkeitsgrad: 2
Zubereitungszeit: 20 Min.

Zutaten für 4 Portionen (als Beilage)

4 mittelgroße Karotten

Für das Dressing:

1 EL Kumin (Kreuzkümmel)
4 EL Olivenöl

Zubereitung

Die Karotten putzen, in dünne Scheiben schneiden und in Wasser ca. 15 Min. lang kochen. Danach durch ein Sieb abtropfen lassen. Olivenöl und Kumin in den Topf geben, verrühren und erhitzen. Die vorgekochten Karotten hinzufügen, nochmals etwa 5–10 Min. lang auf kleiner Flamme schmoren und dann servieren.

Pulmentarium ad ventrem
Beilage für die Verdauung

(Apicius 3,2,1)

Mit Fisch (oder vegan)
Schwierigkeitsgrad: 2
Zubereitungszeit: 40 Min.

Zutaten für 4 Portionen (als Beilage)

4 kleine frische Rote Beten
2 Stangen Lauch
½ TL gemahlener Pfeffer
1 TL gemahlener Kumin (Kreuzkümmel)
2 EL Colatura di Alici (oder ½ TL Salz)
100 ml Passum

Zubereitung

Die Roten Beten putzen, in Salzwasser ca. 30 Min. vorgaren, schälen und würfeln. Den Lauch von den äußeren Blättern befreien, putzen und in Scheiben schneiden. Rüben und Lauch in ungesalzenem Wasser aufkochen und ca. 10 Min. auf mittlerer Flamme kochen lassen, dann das Wasser durch ein Sieb abgießen, Rüben und Lauch abtropfen lassen und in eine Pfanne geben. Pfeffer, Kümmel, Colatura di Alici und Passum hinzufügen, aufkochen lassen und servieren.

Aliter tisanam
Minestrone

(Apicius 5,5,2)

Mit Fisch (oder vegan)
Schwierigkeitsgrad: 3
Zubereitungszeit: 75 Min.

Zutaten für 4 Portionen (als Beilage)

100 g Gersten- oder Dinkelgrütze
100 g getrocknete Kichererbsen
100 g ungeschälte braune Linsen
100 g getrocknete Erbsen
4 EL Olivenöl
1 Stange Lauch
einige Blätter frischer Koriander
1 EL frische Dillspitzen
einige frische Fenchelblätter
100 g Kohl (Wirsing- oder Rosenkohl)
1 TL Natron
1 TL gemahlener Fenchelsamen
1 EL Oregano (gerebelt)
½ TL Asant
1 EL Liebstöckel (gemahlen)
2 EL Colatura di Alici (oder ½ TL Salz)

Zubereitung

Die Kichererbsen, Linsen und Erbsen am Vorabend zum Einweichen in eine Schüssel Wasser geben. Die Hülsenfrüchte in ungesalzenem Wasser ca. 40 Min. lang vorgaren. Die Gersten- oder Dinkelgrütze mit den Hülsenfrüchten in einen Topf geben, gut mit Wasser bedecken und ca. 20 Min. kochen lassen. Wenn das Wasser beim Kochen knapp wird, ein wenig nachgießen.

In der Zwischenzeit den Kohl in Wasser mit Natron ca. 15 Min. lang kochen, herausnehmen und beiseitestellen. Dann Lauch und Korianderblätter kleinschneiden und mit Öl und Dillspitzen in den Topf geben. Fenchel, Oregano, Asant, Liebstöckel hinzufügen, kurz ziehen lassen, mit Colatura di Alici abschmecken. Den vorher gekochten Kohl kleinschneiden, darüberstreuen und servieren.

Da Kichererbsen, Linsen und Erbsen zusammen gekocht werden sollen, ist es ratsam, auf Produkte zurückzugreifen, die etwa gleiche Garzeiten haben.

Fabaciae virides et Baianae

Grüne Dicke Bohnen (Puffbohnen) bzw. Bajanische Bohnen

(Apicius 5,6,1)

Mit Fisch (oder vegan)
Schwierigkeitsgrad: 1
Zubereitungszeit: 30 Min.

Zutaten für 4 Portionen (als Beilage)

500 g frische Dicke Bohnen
1 kleine Lauchstange
einige frische Korianderblätter
1 TL Kumin (Kreuzkümmel)
2 EL Colatura di Alici (oder 1 TL Salz)
3 EL Olivenöl

Zubereitung

Den Lauch putzen und kleinschneiden, die Korianderblätter hacken. Die Bohnen mit Lauch, Koriander und den übrigen Zutaten in einen Topf geben, mit Wasser auffüllen, so dass die Bohnen knapp bedeckt sind. Kurz aufkochen lassen, dann bei geschlossenem Deckel ca. 20 Min. auf kleiner Flamme weiterköcheln lassen. Das Wasser abgießen, etwas Olivenöl darüberträufeln und servieren.

Faseoli virides et cicer

Bohnen- bzw. Kichererbsensalat

(Apicius 5,8,1)

Vegan
Schwierigkeitsgrad: 2
Zubereitungszeit: 30 Min.

Zutaten für 4 Portionen (als Beilage)

500 g Augenbohnen oder Kichererbsen
½ TL Salz
1 TL Kumin (Kreuzkümmel)
1 EL Olivenöl
2 EL Weißwein (z. B. trockener Marsala)

Zubereitung

Die Bohnen bzw. Kichererbsen am Vorabend zum Einweichen in eine Schüssel Wasser geben und dann in ungesalzenem Wasser garkochen (zu den Kochzeiten die Angaben auf dem Produkt beachten. Die Garzeiten liegen für Augenbohnen bei ca. 60 Min., für Kichererbsen bei ca. 120 Min.). Sobald sie gar sind, das Wasser durch ein Sieb abtropfen lassen und die Bohnen als Salat mit einer Mischung aus Salz, Kumin, Olivenöl und Weißwein anrichten und warm oder kalt servieren.

Porros maturos fieri
Zubereitung von reifem Lauch

(Apicius 3,10,1)

Mit Fisch (oder vegan)
Schwierigkeitsgrad: 1
Zubereitungszeit: 25 Min.
Kochzeit: 20 Min.

Zutaten für 4 Portionen

3–4 Lauchstangen
1 l Wasser
1 TL Salz
4 EL Olivenöl
2 EL Colatura di Alici (oder ½ TL Salz)
2 EL Weißwein (z. B. trockener Marsala)

Zubereitung

Den Lauch entweder ganz oder in Scheiben geschnitten in reichlich Salzwasser (ca. 1 TL Salz auf 1 l Wasser) garkochen. Das Wasser abgießen. Das Dressing aus Olivenöl, Colatura di Alici und Weißwein mischen und damit den Lauch anrichten, sobald er gar ist.

Aliter porros (1)
Lauch mit Pflaumen

(Apicius 3,10,2)

Mit Fisch (oder vegan)
Schwierigkeitsgrad: 2
Zubereitungszeit: 25 Min.
Kochzeit: 20 Min.

Zutaten für 4 Portionen

2–3 Lauchstangen
1 l Wasser
1 TL Salz
ca. 15–20 Trockenpflaumen (entsteint)
2 EL Olivenöl
1 EL Colatura di Alici (oder ½ TL Salz)
2 EL Weißwein (z. B. trockener Marsala)

Zubereitung

Den Lauch entweder ganz oder in Scheiben geschnitten in reichlich Salzwasser (ca. 1 TL Salz auf 1 l Wasser) garkochen. Das Wasser abgießen, die Pflaumen sowie Olivenöl, Colatura di Alici und Weißwein hinzufügen, nochmals kurz aufkochen lassen und servieren.

Aliter porros (2)
Lauch mit Waldbeeren

(Apicius 3,10,3)

Mit Fisch (oder vegan)
Schwierigkeitsgrad: 2
Zubereitungszeit: 25 Min.
Kochzeit: 20 Min.

Zutaten für 4 Portionen

2–3 Lauchstangen
1 l Wasser
1 TL Salz
150–200 g Waldbeeren (Brombeeren, Heidelbeeren, Himbeeren,
Erdbeeren, auch gefroren)
2 EL Olivenöl
1 EL Colatura di Alici (oder ½ TL Salz)
2 EL Weißwein (z. B. trockener Marsala)

Zubereitung

Den Lauch entweder ganz oder in Scheiben geschnitten in
reichlich Salzwasser (ca. 1 TL Salz auf 1 l Wasser) garkochen.
Das Wasser abgießen und die Beerenmischung sowie Olivenöl, Colatura di Alici und Weißwein hinzufügen, den Lauch in
der Sauce nochmals kurz aufkochen lassen und servieren.

Betas
Rote Beten

(Apicius 3,11,1)

Mit Fisch (oder vegan)
Schwierigkeitsgrad: 3
Zubereitungszeit: 20 Min.

Zutaten für 4 Portionen

2 Stangen Lauch
4 kleine Rote Beten
100 g Rosinen
einige Blätter frischer Koriander
1 TL gemahlener Kumin (Kreuzkümmel)
50 g Weizenmehl
1 EL Colatura di Alici (oder ½ TL Salz)
1 EL Olivenöl
1 EL Essig

Zubereitung

Die ungeschälten Roten Beten in ungesalzenem Wasser ca. 30–45 Min. lang garkochen, bis sie sich gut schälen lassen, dann schälen und das Fruchtfleisch mit dem Stabmixer pürieren. Den Lauch in Scheiben schneiden, den Koriander hacken und beides zusammen mit Kumin und Rosinen mit dem Mark der Roten Beten in einen Topf geben. Alles zusammen kurz aufkochen lassen und ca. 15 Min. auf kleiner Flamme kochen, das Weizenmehl langsam mit einem Schneebesen unterrühren. Abschließend Colatura di Alici, Olivenöl und Essig hinzufügen, gut umrühren, servieren.

Aliter betas elixas
Gekochte Rote Beten auf andere Art

(Apicius 3,11,2)

Vegan
Schwierigkeitsgrad: 3
Zubereitungszeit: 50 Min.
Kochzeit: 45 Min.

Zutaten für 4 Portionen

4 nicht zu kleine Rote Beten
1 TL gemahlene Senfsaat
1 EL Olivenöl
1 EL Essig

Zubereitung

Die ungeschälten Roten Beten ca. 45 Min. lang in Salzwasser
garkochen, aus dem Wasser nehmen, schälen und würfeln.

Den gemahlenen Senf mit Olivenöl und Essig anrühren
und zu den Roten Beten servieren.

Patella ex olisatro
Schwarzkohlpfanne

(Apicius 4,2,19)

Mit Fisch (oder vegan)
Schwierigkeitsgrad: 3
Zubereitungszeit: 45 Min.
Kochzeit: 30 Min.

Zutaten für 4 Portionen

500 g Schwarzkohl
1 EL Natron
½ TL gemahlener Pfeffer
1 EL gemahlener Liebstöckel
1 EL gerebelter Koriander
1 EL gerebeltes Bohnenkraut
1 Zwiebel
2 EL Weißwein
2 EL Colatura di Alici (oder 1 TL Salz)
1 EL Essig
2 EL Olivenöl
1 EL Speisestärke
einige Stengel frischer Thymian

Zubereitung

Den Kohl in Wasser mit Natron ca. 20 Min. lang garkochen. Das Wasser abgießen, den Kohl auspressen und in eine Pfanne geben. Die Zwiebel würfeln und mit den anderen Gewürzen außer Thymian und Speisestärke hinzufügen und zusammen aufkochen lassen, dann ca. 10 Min. lang auf kleiner Flamme kochen. Danach die verbliebene Flüssigkeit mit Speisestärke binden, den Thymian feinhacken, darüberstreuen und servieren.

Lenticulam de castaneis
Linsen mit Kastanien

(Apicius 5,2,2)

Mit Fisch (oder vegan)
Schwierigkeitsgrad: 3
Zubereitungszeit: 60 Min.
Kochzeit: ca. 30 Min.

Zutaten für 4 Portionen

200 g kochfertige, geschälte rote Linsen
150 g geschälte Kastanien
1 EL Natron
1 TL Pfeffer
1 TL Kumin (Kreuzkümmel)
1 TL Koriandersamen
1 TL Minze
1 TL Rautenblätter
½ TL Asant
1 TL Poleiminze (kann durch normale Minze ersetzt werden)
2 EL Essig
1 EL Honig (oder Defrutum)
1 EL Colatura di Alici (oder ½ TL Salz)
2 EL Olivenöl

Zubereitung

Die pelzige Haut der Kastanien entfernen und sie in Wasser mit Natron ca. 30 Min. kochen lassen. Die Gewürze mischen, mit Honig und Colatura anrühren und die gargekochten Kastanien sowie das Öl hinzufügen. Noch einmal kurz aufkochen lassen, vom Feuer nehmen und pürieren. In der Zwischenzeit die Linsen aufsetzen und in 5–10 Min. garkochen. Sobald die Linsen gar sind, das Wasser abschütten, die pürierten Kastanien hinzufügen, umrühren und servieren.

Dieses Gericht ist insofern bemerkenswert, als es das einzige bei Apicius ist, in dem Kastanien als Zutat Verwendung finden. Es lässt jedoch einigen Interpretationsspielraum offen. Außer im Titel werden die Linsen gar nicht erwähnt, sondern nur die Zubereitung eines Kastanienmuses beschrieben, mit dem die gargekochten Linsen wohl gemischt und serviert werden sollen.

Aliter lenticulam
Linsen auf andere Art

(Apicius 5,2,3)

Mit Fisch (oder vegan)
Schwierigkeitsgrad: 4
Zubereitungszeit: 60 Min.

Zutaten für 4 Portionen

250 g kochfertige, geschälte rote Linsen
1 Stange Lauch
einige Blätter frischer Koriander

Gewürzmischung:

1 EL gemahlener Koriandersamen
einige Blätter frische Poleiminze (oder andere Minze)

½ TL Asant
½ TL Minzensamen (kann weggelassen werden)
½ TL Samen der Weinraute (kann weggelassen werden)
1 EL Essig
1 EL Honig (oder Defrutum)
2 EL Colatura di Alici (oder 1 TL Salz)
2 EL Defrutum
1 EL Olivenöl
1 EL Speisestärke
2 EL grünes Olivenöl
etwas Pfeffer zum Bestreuen

Zubereitung

Die Linsen 5 Min. lang in ungesalzenem Wasser kochen, wobei sie gut bedeckt sein müssen. Das Wasser abschütten, aber etwas Wasser im Topf lassen, Lauch und Koriander kleinschneiden und zusammen mit der Gewürzmischung zu den Linsen geben. Damit zusammen noch weitere ca. 5–10 Min. auf kleiner Flamme kochen und regelmäßig umrühren. Falls keine Flüssigkeit mehr vorhanden ist, etwas Wasser nachgießen. Die verbliebene Flüssigkeit mit Speisestärke binden, in eine Servierschüssel umfüllen, mit grünem Olivenöl beträufeln und servieren.

Minzen- und besonders Weinrautensamen sind als Lebensmittel nur schwer zu finden. Man erhält zwar entsprechendes Saatgut, sollte dieses jedoch nur verwenden, um die Pflanzen selbst zu ziehen.

Pisum
Erbsen

(Apicius 5,3,1)

Mit Fisch (oder vegan)
Schwierigkeitsgrad: 3
Zubereitungszeit: 60 Min.

Zutaten für 4 Portionen

400 g frische Erbsen
1 Stange Lauch
einige Blätter frischer Koriander
1 TL Kumin (Kreuzkümmel)
½ TL gemahlener Pfeffer
1 EL gemahlener Liebstöckel
1 TL gemahlener Kümmel
1 EL Dill
einige Blätter frisches Basilikum
2 EL Colatura di Alici (oder 1 TL Salz)
2 EL Weißwein

Zubereitung

Die Erbsen ca. 10 Min. lang in ungesalzenem Wasser kochen und danach das Wasser abgießen. Den Lauch und Koriander kleinschneiden und mit Kumin zu den Erbsen geben. Pfeffer, Liebstöckel, Kümmel, Dill und frisches Basilikum hinzufügen. Colatura di Alici und Wein dazugeben und kurz aufkochen lassen, gut umrühren, abschmecken und servieren.

Es handelt sich hier um eines der wenigen Rezepte aus dem römischen Kochbuch, in dem das inzwischen so beliebte Basilikum Verwendung findet.

Bulbos
Gemüsezwiebeln

(Apicius 7,14,2)

Mit Fisch (oder vegan)
Schwierigkeitsgrad: 3
Zubereitungszeit: 30 Min.
Kochzeit: ca. 20 Min.

Zutaten für 4 Portionen

2 große Gemüsezwiebeln

3–4 EL Olivenöl

1 EL Thymian

1 TL Poleiminze (oder normale Minze)

½ TL Pfeffer

1 TL Oregano

1 EL Honig (oder Defrutum)

1 EL Essig

1 TL Colatura di Alici (oder ½ TL Salz)

Zubereitung

Die Gemüsezwiebeln schälen und zerstampfen oder würfeln und ca. 10–15 Min. in Wasser kochen. Danach das Öl in einer Pfanne erhitzen, die gekochten Zwiebeln aus dem Wasser nehmen, gut abtropfen lassen und in das heiße Öl geben. In der Zwischenzeit die Sauce aus den übrigen Zutaten anrühren und zu den Zwiebeln in die Pfanne geben, kurz aufkochen lassen und servieren. Die Zwiebeln im Öl nur kurz (ca. 5 Min. auf mittlerer Flamme) schmoren, damit sie nicht zu dunkel werden.

Aliter Bulbos

Gemüsezwiebeln auf andere Art

(Apicius 7,14,3)

Mit Fisch (oder vegetarisch)
Schwierigkeitsgrad: 3
Zubereitungszeit: 30 Min.
Kochzeit: ca. 20 Min.

Zutaten für 4 Portionen

2 große Gemüsezwiebeln
1 EL Thymian
1 EL Oregano
1 EL Honig
1 EL Essig
1 EL Defrutum
1 EL Dattelsirup
1 TL Colatura di Alici (oder ½ TL Salz)
2 EL Olivenöl
½ TL Pfeffer

Zubereitung

Die Zwiebeln in leicht gesalzenem Wasser (1 TL Salz auf 1 l Wasser) ca. 20 Min. lang kochen. In der Zwischenzeit aus den übrigen Zutaten (außer dem Pfeffer) eine Sauce mischen. Die gekochten Zwiebeln auspressen und in eine Schüssel geben, die Sauce darübergeben, kurz mischen und servieren.

Boletos fungos
Champignons

(Apicius 7,15,4)

Vegan
Schwierigkeitsgrad: 2
Zubereitungszeit: 30 Min.

Zutaten für 4 Portionen (als Beilage)

500 g Champignons
200 ml Caroenum
ein Bund oder eine Handvoll Blätter frischer Koriander

Zubereitung

Die Champignons putzen, in Scheiben schneiden und in eine Pfanne legen. Caroenum hinzugießen, den Bund Koriander hineinlegen und unter ständigem Rühren aufkochen lassen, dann auf mittlerer Flamme ca. 10 Min. lang kochen.

Boletos aliter (1)
Champignons auf andere Art

(Apicius 7,15,5)

Mit Fisch (oder vegan)
Schwierigkeitsgrad: 1
Zubereitungszeit: 30 Min.

Zutaten für 4 Portionen (als Beilage)
500 g Hüte von kleinen Champignons
4 TL Colatura di Alici (alternativ: ½ TL Salz mit 4 TL Weißwein)

Zubereitung

Die Hüte der Champignons ganz oder in Scheiben geschnitten mit Colatura di Alici beträufeln und servieren.

Ein noch einfacheres Rezept wird man im römischen Kochbuch wahrscheinlich vergeblich suchen. Dennoch wird gerade bei diesen einfachen Rezepten klar, wie modern und auf das Wesentliche reduziert die römische Haute Cuisine bereits sein konnte.

Boletos aliter (2)
Champignons auf andere Art

(Apicius 7,15,6)

Mit Fisch (oder vegan)
Schwierigkeitsgrad: 3
Zubereitungszeit: 30 Min.

Zutaten für 4 Portionen

500 g Champignonstengel
½ TL Pfeffer
1 EL Liebstöckel
1 EL Honig (oder Defrutum)
1 EL Colatura di Alicin (oder ½ TL Salz mit 1 EL Weißwein)
2 EL Olivenöl

Zubereitung

Die Stengel der Champignons in Scheiben schneiden und zusammen mit den übrigen Zutaten in eine Pfanne geben. Kurz aufkochen und dann auf kleiner Flamme ca. 5–10 Min. lang schmoren lassen, so dass die Sauce dick wird.

Natürlich hat man normalerweise keine Champignonstengel alleine übrig, weshalb man dieses Rezept in Kombination mit dem vorhergehenden ausprobieren sollte.

Tubera
Trüffel

(Apicius 7,16,1)

Mit Fisch (oder vegan)
Schwierigkeitsgrad: 4
Zubereitungszeit: 30 Min.

Zutaten für 4 Portionen

4 Trüffeln
etwas Salz zum Bestreuen

Für die Sauce:

1 EL Olivenöl
1 EL Colatura di Alici (oder ½ TL Salz)

2 EL Caroenum
2 EL würziger Weißwein (z. B. trockener Marsala)
1 EL Honig (oder Defrutum)
½ TL Pfeffer
Speisestärke

Zubereitung

Die Trüffeln schälen oder mit einer Bürste putzen und in ungesalzenem Wasser ca. 5 Min. kochen. Danach die Trüffeln mit Salz bestreuen, auf Spieße stecken und vorsichtig grillen. Inzwischen die Zutaten für die Sauce außer der Speisestärke in einen Topf geben, aufkochen und einige Minuten auf kleiner Flamme köcheln lassen. Etwas Sauce mit der Speisestärke anrühren und die Sauce damit binden. Sobald die Trüffeln nach einigen Minuten fertiggegrillt sind, auf einer Platte anrichten und mit der Sauce servieren.

Ob Trüffeln geschält werden sollten oder nicht, darüber sind sich die Kochexperten weitgehend uneins. Apicius empfiehlt jedenfalls, sie zu schälen. Natürlich geht Apicius weder besonders sparsam noch sehr behutsam mit den Trüffeln um, und moderne Gourmets werden daher beim Durchlesen dieses Rezeptes wahrscheinlich die Hände über dem Kopf zusammenschlagen.

Zweifellos ist dies – jedenfalls in unserer heutigen Zeit – mit Abstand das teuerste Rezept in diesem Kochbuch. Allerdings kann man bei uns Sommertrüffeln zu moderaten Preisen auch von Versandhändlern beziehen.

Cucurbitas iure colocasiorum
Kürbisse nach Art von Lotuswurzeln

(Apicius 3,4,2)

Mit Fisch (oder vegan)
Schwierigkeitsgrad: 3
Zubereitungszeit: 40 Min.

Zutaten für 4 Portionen

600 g Kürbis (oder Lotuswurzeln)

Für die Sauce:

½ TL gemahlener Pfeffer
1 TL Kumin (Kreuzkümmel)
einige Blätter frische Raute
1 EL Essig
1 EL Colatura di Alici (oder ½ TL Salz)
1 EL Olivenöl
1 EL Speisestärke
etwas gemahlener Pfeffer zum Bestreuen

Zubereitung

Den Kürbis schälen, entkernen und ca. 15 Min. lang in ungesalzenem Wasser kochen (mit Lotuswurzeln ähnlich verfahren). Die Sauce in einem Topf aus den übrigen Zutaten außer
der Speisestärke anrühren, den gekochten Kürbis (bzw. die
Lotuswurzeln) auspressen, in Würfel schneiden und hinzufügen. Kurz aufkochen und ca. 5–10 Min. ziehen lassen, die
Sauce mit Speisestärke binden und servieren.

In colocasio
Lotuswurzel

(Apicius 7,17)

Mit Fisch (oder vegan)
Schwierigkeitsgrad: 3
Zubereitungszeit: 40 Min.

Zutaten für 4 Portionen

600 g Lotuswurzeln

Für die Sauce:

½ TL gemahlener Pfeffer
1 TL Kumin (Kreuzkümmel)
einige Blätter frische Raute
1 EL Honig (oder Defrutum)
1 EL Colatura di Alici (oder ½ TL Salz)
1 EL Olivenöl
1 EL Speisestärke

Zubereitung

Die Lotuswurzeln schälen, in Scheiben oder Würfel schneiden und ca. 15 Min. lang in ungesalzenem Wasser kochen. Die Sauce in einem Topf aus den übrigen Zutaten außer der Speisestärke anrühren, die gekochten Lotuswurzeln aus dem Wasser nehmen und hinzufügen. Kurz aufkochen und ca. 5–10 Min. ziehen lassen, die Sauce mit Speisestärke binden und servieren.

> *Dieses Gericht stimmt mit vorherigen, bis auf die Verwendung von Lotuswurzeln statt Kürbis und Honig statt Essig, überein. Es ist daher ein gutes Beispiel für die Art und Weise, mit der römische Köche Bewährtes immer wieder neu interpretiert haben, ohne jedoch allzu sehr vom Ausgangspunkt abzuweichen.*
>
> *Da Apicius an anderen Stellen Kürbis als Ersatz für die Lotuswurzel vorschlägt, kann man beide Varianten natürlich auch in diesem Rezept testen.*

Granea triticea
Weizenmilchbrei

(Cato 86)

Vegetarisch
Schwierigkeitsgrad: 3
Zubereitungszeit: ca. 90 Min.

Zutaten für 4 Portionen (als Beilage)

200 g geschälter Weizen (ganze Körner)
600 ml Milch
1 l Wasser

Zubereitung

Die Weizenkörner in Wasser 30 Min. lang kochen. Das Wasser abgießen und die Milch auf kleiner Flamme langsam unterrühren, bis ein dicker Brei entstanden ist. Dabei ständig rühren, damit der Brei nicht anbrennt.

Für dieses Rezept empfiehlt sich, geschälten Weizen zu verwenden, den man z. B. in türkischen Läden erhält. Andernfalls müsste man, wie Cato es in seinem Rezept beschreibt, die Schale der Weizenkörner im Mörser selbst abreiben, was jedoch relativ mühsam ist. Cato erwähnt in seinem Rezept kein Salz und auch keine sonstigen Gewürze. Natürlich kann man Salz oder Honig oder auch Käse hinzufügen. Dieser Weizenbrei ist ein gutes Beispiel für die archaische römische Küche aus einer Zeit, in der das Brot in Rom noch weitgehend unbekannt bzw. ungebräuchlich war. Nach Plinius dem Älteren gab es dort bis ins Jahr 174 v. Chr. keine professionellen Bäcker. Wenn überhaupt Brot gebacken wurde, dann zu Hause.[40]

Aliter faseolus sive cicer

Augenbohnen oder Kichererbsen auf andere Art

(Apicius 5,8,2)

Mit Fisch (oder vegetarisch)
Schwierigkeitsgrad: 3
Zubereitungszeit: 60–120 Min.
Kochzeit: 60–120 Min.

Zutaten für 4 Portionen (als Beilage)

500 g Augenbohnen oder Kichererbsen
4 Eier
einige Blätter frischer Fenchel
½ TL Pfeffer
2 EL Colatura di Alici (oder 1 TL Salz mit 2 EL Weißwein)
2 EL Caroenum

Zubereitung

Die Bohnen bzw. Kichererbsen am Vortag zum Einweichen in eine Schüssel Wasser geben, dann in ungesalzenem Wasser garkochen (zu den Kochzeiten die Angaben auf dem Produkt beachten. Die Garzeiten liegen für Augenbohnen bei ca. 60 Min., für Kichererbsen bei ca. 120 Min.). Inzwischen die Eier hartkochen (ca. 6–7 Min.), schälen und in Scheiben schneiden. Sobald die Bohnen gar sind, in eine ofenfeste Schüssel geben, die Fenchelblätter feinhacken und mit den übrigen Zutaten außer den Eiern hinzufügen. Schließlich die Bohnen mit den Eierscheiben bedecken. Die Bohnen in den vorgeheizten Backofen stellen und bei 180°C ca. 15 Min. lang unbedeckt garen. Aus dem Ofen nehmen und servieren.

Die genaue Art der Zubereitung, insbesondere, ob man die Eier gekocht oder roh hinzufügen soll, ist im Originalrezept nicht ausgeführt, so dass man dies als unverbindlichen Vorschlag betrachten möge.

Patina
Soufflé

(Apicius 4,2,3)

Mit Fisch (oder vegetarisch)
Schwierigkeitsgrad: 3
Zubereitungszeit: 45 Min.
Kochzeit: 30 Min. bei 180 ° C im Backofen

Zutaten für 4 Portionen

Blätter und Strunk eines Kopfsalats
4 Eier
½ TL gemahlener Pfeffer
2 EL Colatura di Alici (oder 1 TL Salz mit 2 EL Weißwein)
2 EL Caroenum
1 EL Wasser
1 EL Olivenöl
ein wenig gemahlener Pfeffer zum Bestreuen

Zubereitung

Strunk und Blätter des Salates kleinschneiden und mit den
Zutaten außer den Eiern mischen und pürieren und in einen
Topf geben, kurz aufkochen lassen und mit den Eiern verrühren. Dann in eine ofenfeste Glasschüssel umfüllen und
zugedeckt ca. 30 Min. bei 180°C im vorgeheizten Backofen
fertigbacken.

Dieses Rezept scheint eine Art römischer Resteverwertung zu sein:
Vom Salat isst man natürlich die Blätter lieber als den Strunk, jedoch
kann man hier auch den Strunk sinnvoll verwenden.

Patina de asparagis
Spargelauflauf

(Apicius 4,2,6)

Mit Fisch (oder vegetarisch)
Schwierigkeitsgrad: 3
Zubereitungszeit: 60 Min.
Kochzeit: 30 Min. auf kleiner Flamme

Zutaten für 4 Portionen

400 g Spargelenden
200 ml aromatischer Weißwein (z. B. trockener Marsala)
1 TL Pfeffer
einige Blätter frischer Liebstöckel
einige Blätter frischer Koriander
1 EL getrocknetes Bohnenkraut
1 Zwiebel
2 EL Colatura di Alici (oder 1 TL Salz)
2 EL Olivenöl
4 Eier

Zubereitung

Die Spargelenden zusammen mit etwas Weißwein pürieren, die Zwiebel würfeln, die frischen Gewürze feinhacken und alle Zutaten außer den Eiern hineingeben. Die Eier mit dem Schneebesen schlagen und unterrühren, eine Auflaufform, eine Glasschüssel oder Kasserolle mit Öl auspinseln, die Spargelmasse hineinfüllen und im vorgeheizten Backofen bei 180 °C ca. 30 Min. lang backen. Den fertigen Auflauf aus dem Ofen holen, mit Pfeffer bestreuen und servieren.

Auch dieses Rezept enthält im Original einen deutlichen Hinweis darauf, dass es zur Resteverwertung der holzigen Spargelenden gedacht war, die man normalerweise entsorgen würde.

Patina de sambuco calida et frigida

Holunderbeerenomelett

(Apicius 4,2,8)

Mit Fisch (oder vegetarisch)
Schwierigkeitsgrad: 3
Zubereitungszeit: 60 Min.
Kochzeit: 30 Min. auf kleiner Flamme

Zutaten für 4 Portionen

500 g reife Holunderbeeren
½ EL gemahlener Pfeffer
2 EL Colatura di Alici (oder 1 TL Salz mit 2 EL Weißwein)
2 EL aromatischen Weißwein (z. B. Vin Santo)
5 EL Olivenöl
3 Eier
etwas gemahlener Pfeffer zum Bestreuen

Zubereitung

Die Holunderbeeren waschen, die Stengel entfernen, unreife Beeren aussortieren und in ungesalzenem Wasser ca. 10 Min. kochen, dann das Wasser abgießen und die Beeren durch ein Sieb abtropfen lassen. Etwas Öl in eine Pfanne geben, die Holunderbeeren und alle übrigen Zutaten außer den Eiern hinzufügen und das Ganze kurz aufkochen lassen. Die Eier mit dem Schneebesen schaumig schlagen und unterrühren. Auf ganz kleiner Flamme auf dem Herd kochen lassen, bis die Eier gestockt sind.

Dieses Rezept ist deshalb sehr interessant, weil es eines der wenigen im römischen Kochbuch ist, das präzise Mengenangaben für alle Zutaten (außer für die Holunderbeeren!) enthält und somit auf das Aroma der Gewürzmischung schließen lässt. Die oben angegebenen Relationen spiegeln das Originalrezept recht genau wider. Daraus können wir auf jeden Fall schließen, dass die Römer an Pfeffer nicht unbedingt gespart haben.

Concicla Commodiana
Erbsentopf à la Commodus

(Apicius 5,4,4)

Mit Fisch (oder vegetarisch)
Schwierigkeitsgrad: 3
Zubereitungszeit: 60 Min.
Kochzeit: ca. 40 Min.

Zutaten für 4 Portionen

400 g frische Erbsen
4 Eier

Gewürzmischung:

½ TL Pfeffer
1 EL Liebstöckel
1 TL Dill
1 EL getrocknete Zwiebel
2 EL Colatura di Alici (oder 1 TL Salz mit 2 EL Weißwein)
2 EL Weißwein

Zubereitung

Die Erbsen in ungesalzenem Wasser ca. 10 Min. lang kochen.
Das Wasser abgießen, die Gewürzmischung dazugeben und
gut durchrühren. Die Eier aufschlagen, mit dem Schneebesen
etwas schaumig schlagen und unter die Erbsen rühren. Alles
zusammen in einer Kasserolle in den vorgeheizten Backofen
geben, bei 180°C ca. 30 Min. lang backen und servieren.

Mit Fisch

Lenticulam ex sfondilos

Linsen mit Lazarusklappern

(Apicius 5,2,1)

Mit Fisch und Meeresfrüchten
Schwierigkeitsgrad: 3
Zubereitungszeit: 60 Min.

Zutaten für 4 Portionen

250 g ungeschälte braune Linsen

Für die Sauce:

24 Austern
1 TL gemahlener Pfeffer
1 TL gemahlener Kumin (Kreuzkümmel)
1 EL gemahlener Koriandersamen
1 EL getrocknete Minze
einige Blätter frische Weinraute
einige Blätter frische Poleiminze (oder normale Minze)
1 EL Essig
1 EL Honig
2 EL Colatura di Alici
100 ml Defrutum
1 EL Speisestärke
3 EL grünes Olivenöl

Zubereitung

Die Linsen über Nacht einweichen und dann ca. 45 Min. lang
in ungesalzenem Wasser garkochen. Die Austern öffnen, das
Fleisch von der Schale lösen – man kann natürlich auch bereits fertig vorbereitete Austern verwenden – in wenig ko-
chendes Wasser geben und ca. 5 Min. lang auf ganz kleiner

Flamme ziehen lassen. Die Sauce aus den übrigen Zutaten außer Speisestärke und Olivenöl anrühren. Das Wasser der Linsen abschütten, so dass ein wenig Sud darin verbleibt, und die Sauce hineingießen. Die Austern kleinschneiden und zusammen mit ihrem Sud zu den Linsen geben. Die Linsen mit den Austern noch kurz aufkochen und ca. 5 Min. auf ganz kleiner Flamme kochen lassen, die Sauce mit Speisestärke binden, in eine Servierschüssel umfüllen, Olivenöl darübergeben und servieren.

Das Originalrezept sieht Lazarusklappern vor, die jedoch inzwischen fast nicht mehr zu bekommen sind. Man kann sie aber gut durch Stachelaustern oder normale Austern (oder auch andere Muscheln) ersetzen. Auch der Preis von Austern ist in den letzten Jahren stark gestiegen, was die Kosten dieses Gerichtes in bedenkliche Höhen treibt. Interessanterweise findet man heute noch ähnliche Austernrezepte. Rezepte, die sich bewährt haben, werden also entweder von Generation zu Generation weitergereicht oder regelmäßig »neu« erfunden.

Sarda ita fit
Bonito

(Apicius 9,10,2)

Mit Fisch
Schwierigkeitsgrad: 3
Zubereitungszeit: 40 Min.
Kochzeit: 30 Min.

Zutaten für 4 Portionen

500 g Thunfischfilet
½ TL gemahlener Pfeffer
je ½ EL Liebstöckel, Thymian, Oregano und Raute
150 g entkernte Datteln
1 EL Honig
4 geviertelte hartgekochte Eier

5 EL Weißwein
2 EL Weinessig
5 EL Defrutum
2–3 EL grünes Olivenöl

Zubereitung

Das Thunfischfilet in Salzwasser garkochen. Die Datteln entkernen, kleinschneiden, mit den Gewürzen mischen, Honig, Weißwein, Essig, Defrutum hinzufügen und verrühren. Das Thunfischfilet kleinschneiden und in eine Schüssel geben, die Sauce darübergießen und mit den geviertelten Eiern garnieren. Zum Schluss mit dem Olivenöl beträufeln und servieren.

Es handelt sich um ein empfehlenswertes Rezept für Fischsalat.

Mit Fleisch

Aliter cucumeres rasos

Geschälte Gurken auf andere Art

(Apicius 3,6,2)

Mit Lamm, Fisch
Schwierigkeitsgrad: 3
Zubereitungszeit: 20 Min.
Kochzeit: 10 Min.

Zutaten für 4 Portionen

1 kg Schmorgurken oder Zucchini
1 Lammhirn (alternativ 100 g Kalbs- oder Lammbries oder auch eine Wollwurst)

½ TL gemahlener Kumin (Kreuzkümmel)
1 TL gemahlene Selleriesamen
1 EL Honig
1 EL Colatura di Alici
2 EL Olivenöl
2 Eier
etwas gemahlener Pfeffer zum Bestreuen

Zubereitung

Das Lammhirn oder Kalbsbries in etwas Brühe garkochen (bei der Wollwurst nicht notwendig). Die Gurke bzw. die Zucchini schälen, halbieren und entkernen, in fingerdicke Scheiben schneiden und mit dem kleingeschnittenen Hirn in eine Pfanne geben, Kumin, Selleriesamen, Honig, Colatura di Alici und Olivenöl hinzufügen und aufkochen lassen. Auf kleiner Flamme ca. 5 Min. kochen. Zwischendurch die Eier schaumig schlagen und mit dem Schneebesen langsam in die Sauce hineinrühren. Noch 2–3 Minuten ziehen lassen, mit Pfeffer bestreuen und servieren.

Dieses Rezept ist für Schmorgurken und Zucchini gleichermaßen geeignet. Inwieweit die römischen »Cucumeres« mit modernen Gurkenzüchtungen bzw. Zucchini vergleichbar sind, ist allerdings weitgehend unbekannt.

Patina Apiciana
Lasagne à la Apicius

(Apicius 4,2,14)

Mit Schwein, Fisch, Geflügel
Schwierigkeitsgrad: 4
Zubereitungszeit: 150 Min.
Kochzeit: 15 Min. im Kochtopf und 40 Min. bei 200 ° C im Backofen

Zutaten für 4 Portionen (als Beilage)

Für die Füllung:

100 g Schweinebauch
100 g Fischfilet (z. B. Heilbutt)
100 g Hähnchenbrust
2 fertig vorbereitete Wachteln
1 TL gemahlener Pfeffer
1 EL Liebstöckel
2 EL Colatura di Alici
4 EL aromatischer Weißwein (z. B. Vin Santo)
2 EL Passum
1 TL Speisestärke
4 Eier
2 EL Olivenöl
1 EL ganze Pfefferkörner
100 g Pinienkerne
gemahlener Pfeffer zum Bestreuen

Für den Teig:

250 g Mehl
120 ml Wasser

Zubereitung

Die Wachteln entbeinen, Fleisch und Fisch (außer den Wachteln) kleinschneiden, zusammen mit Pfeffer, Liebstöckel, Colatura di Alici, Wein und Passum in einen Topf geben, aufkochen lassen und ca. 15 Min. auf kleiner Flamme kochen. Die Sauce mit Speisestärke binden. Die Eier in einer Schüssel mit dem Öl verrühren. Aus Wasser und Mehl einen Teig kneten und ausrollen, so dass man daraus 5 Teigblätter herstellen kann. Eine ausreichend große Auflaufform mit etwas Öl einfetten und abwechselnd ein Teigblatt und darauf ein Viertel der Füllung hineingeben sowie Pfefferkörner und Pinienkerne hinzufügen. Dann einen entsprechenden Teil der verrührten Eier darübergießen. Das unterste Teigblatt ausreichend groß machen, damit es auch die Ränder der Form bedeckt. In die oberste Schicht die entbeinten Wachteln hineingeben und darauf ein Teigblatt legen, in das man ein kleines Loch hineinstößt, damit der Dampf entweichen kann. Diese römische Lasagne in den vorgeheizten Backofen stellen und bei 200°C ca. 30–45 Min. lang backen.

Dies hier ist eine etwas vereinfachte Variante des Originalrezeptes. Dort ist als Zutat auch »sumen«, also Euter, genannt. Normalerweise wird bei Apicius Schweineeuter verwendet, das heutzutage aber nur schlecht zu bekommen ist. Ich empfehle, stattdessen gewürfelten Schweinebauch oder Mortadella oder evtl. sogar Fleischkäse zu verwenden.

Minutal Terentinum
Frikassee à la Terenz

(Apicius 4,3,2)

Mit Schwein, Rind, Lamm, Fisch
Schwierigkeitsgrad: 3
Zubereitungszeit: 60 Min.
Kochzeit: 45 Min. auf mittlerer Flamme

Zutaten für 4 Portionen (als Beilage)

2 Stangen Lauch (nur die weißen Teile!)
200 ml Fleischbrühe
2 EL Olivenöl
1 EL Colatura di Alici
200 g Schinkenwürfel oder gewürfeltes Schweinebauchfleisch

Für die Hackfleischwürfel:

200 g gemischtes Hackfleisch
1 kleines Lammhirn (alternativ: 100 g Kalbsbries oder 1 Wollwurst)
2 Eier
½ TL gemahlenen Pfeffer

1 EL gemahlenen Liebstöckel
1 EL gerebelten Oregano
1 EL Colatura di Alici

Für die Sauce:
1 TL Pfeffer
1 EL Liebstöckel
1 EL Oregano
1 EL Colatura di Alici
100 ml Weißwein
100 ml Passum
1 EL Mehl

Zubereitung

Zuerst die Hackfleischwürfel zubereiten, dazu das Lammhirn (oder den entsprechenden Ersatz) zerstampfen und mit dem Hackfleisch, den Eiern, Pfeffer, Liebstöckel, Oregano und Colatura di Alici zu einer glatten Masse verarbeiten, in eine Auflaufform geben und im Ofen bei 180°C ca. 30 Min. lang backen. Danach herausnehmen und in Würfel schneiden.

Für das Frikassee die Fleischbrühe vorbereiten und kurz aufkochen lassen, den Lauch kleinschneiden und mit Olivenöl, Colatura di Alici, Schinken- und Hackfleischwürfeln in den Topf mit der Brühe geben und ca. 15 Min. zusammen kochen lassen, dabei regelmäßig umrühren.

Die Sauce aus Pfeffer, Liebstöckel, Oregano, Colatura di Alici mit Wein und Passum in einem Topf anrühren, kurz aufkochen lassen und mit Mehl binden. Die Sauce zum Fleisch geben und in einer Schüssel servieren.

Minutal Matianum
Frikassee à la Matius

(Apicius 4,3,4)

Mit Schwein, Fisch
Schwierigkeitsgrad: 3
Zubereitungszeit: 90 Min.
Kochzeit: 60 Min. auf mittlerer Flamme

Zutaten für 4 Portionen (als Beilage)

400 g Schweineschulter mit Schwarte
4 süße, feste Äpfel
2 EL Olivenöl
2 EL Colatura di Alici
200 ml ungesalzene Fleischbrühe
1 Stange Lauch
1 EL gemahlener Koriander

Für die Sauce:

1 TL Pfeffer
1 EL Kumin (Kreuzkümmel)
einige Blätter frischer Koriander oder 1 EL gemahlener
Koriandersamen
1 EL Minze
½ TL Asant
1 EL Weinessig
1 EL Honig
1 EL Colatura di Alici
100 ml Defrutum
1 EL Mehl
etwas Pfeffer zum Bestreuen

Zubereitung

Das Stück Schweineschulter in ungesalzenem Wasser ca.
30 Min. lang kochen, aus dem Wasser nehmen und mit der

Schwarte in Würfel schneiden. Das Fleisch in einen Topf geben, Lauch und Koriander kleinschneiden und mit Öl, Colatura di Alici, Koriander und Brühe in den Topf geben und aufkochen lassen. Danach 15 Min. auf kleiner Flamme kochen lassen. Währenddessen die Äpfel schälen, achteln, das Kerngehäuse entfernen und in den Topf mit dem Fleisch geben. Das Fleisch weitere 15 Min. auf kleiner Flamme kochen lassen, dabei regelmäßig umrühren.

In der Zwischenzeit die Sauce aus den übrigen Zutaten außer dem Mehl in einem Topf anrühren und aufkochen lassen, dann auf kleiner Flamme weiterkochen, etwas Sauce entnehmen, mit Mehl anrühren und damit binden. Sobald das Fleisch fertig ist, vom Feuer nehmen, mit der Sauce übergießen und in einer Schüssel servieren.

Im Originalrezept sind »Matianische Äpfel« vorgesehen. Diese Apfelsorte lässt sich heute nicht mehr identifizieren. Wahrscheinlich handelt es sich um eine sehr schmackhafte Sorte, die beim Kochen einigermaßen fest blieb, also nicht mehlig war. Natürlich gibt es auch heute einige Sorten, die diese Voraussetzungen erfüllen würden. Evtl. sollte man es mit Cox Orange versuchen.

Minutal dulce ex citriis
Süßes Frikassee mit Zitronatzitronen

(Apicius 4,3,5)

Mit Schwein, Fisch, Rind, Lamm
Schwierigkeitsgrad: 3
Zubereitungszeit: 90 Min.
Kochzeit: 60 Min. auf mittlerer Flamme

Zutaten für 4 Portionen (als Beilage)

200 g Schweineschulter
1 Stange Lauch
100 ml ungesalzene Fleischbrühe

1 EL Olivenöl
1 EL Colatura di Alici

Für die Hackfleischwürfel:

200 g gemischtes Hackfleisch
1 kleines Lammhirn (alternativ: 100 g Kalbsbries oder 1 Wollwurst)
1 Ei
½ TL gemahlener Pfeffer
1 TL gemahlener Liebstöckel
1 TL gerebelter Oregano
1 EL Colatura di Alici

Für die Sauce:

½ TL gemahlener Pfeffer
1 TL gemahlener Kumin (Kreuzkümmel)
1 EL gemahlene Koriandersamen
einige Blätter frische Weinraute
½ TL Asant
1 EL Essig
2 EL Defrutum
1 Zitronatzitrone
1 EL Mehl
etwas Pfeffer zum Bestreuen

Zubereitung

Zuerst die Hackfleischwürfel zubereiten, dazu das Lammhirn (oder den entsprechenden Ersatz) zerstampfen und mit dem Hackfleisch, Eiern, Pfeffer, Liebstöckel, Oregano und Colatura di Alici zu einer glatten Masse verarbeiten, in eine Auflaufform geben und im Ofen bei 180°C ca. 30 Min. lang backen. Danach herausnehmen und in Würfel schneiden.

Das Stück Schweineschulter in ungesalzenem Wasser ca. 30 Min. lang kochen, aus dem Wasser nehmen und in Würfel schneiden.

Die Hackfleischwürfel und die gewürfelte Schweineschulter mit dem kleingeschnittenen Lauch, Fleischbrühe, Öl und Colatura di Alici in einen Topf geben und aufkochen und danach auf kleiner Flamme ca. 15 Min. weiterkochen lassen.

Die Sauce aus den oben angegebenen Zutaten außer Zitronatzitrone und Speisestärke anrühren und aufkochen lassen. Die Zitronatzitrone schälen, das weiße Fruchtfleisch (ohne das limonenartige Innere) würfeln, ca. 10 Min. in Wasser kochen und in die Sauce geben.

Schließlich die Sauce zum Fleisch gießen, das Mehl mit etwas Sauce anrühren und damit die verbliebene Flüssigkeit binden, alles in eine Servierschüssel geben, mit etwas gemahlenem Pfeffer bestreuen und servieren.

Uns dürfte der Umgang mit dem weißen Fruchtfleisch einer Zitronatzitrone, die bei uns ohnehin kaum zu bekommen und relativ teuer ist, etwas verschwenderisch erscheinen.

Minutal ex praecoquis
Frikassee mit Aprikosen

(Apicius 4,3,6)

Mit Schwein, Fisch
Schwierigkeitsgrad: 3
Zubereitungszeit: 90 Min.
Kochzeit: 60 Min. auf mittlerer Flamme

Zutaten für 4 Portionen (als Beilage)

400 g Schweineschulter
6 feste Aprikosen
2 EL Olivenöl
1 EL Colatura di Alici
Weißwein (z. B. Vin Santo)
1 Schalotte (oder eine normale Zwiebel)

Für die Sauce:

½ TL gemahlener Pfeffer
1 TL gemahlener Kumin (Kreuzkümmel)
1 EL getrocknete Minze
1 EL getrocknete Dillspitzen
2 EL Honig
2 EL Colatura di Alici
100 ml Passum
2 EL Essig
1 EL Mehl
etwas Pfeffer zum Bestreuen

Zubereitung

Das Stück Schweineschulter in ungesalzenem Wasser ca. 30 Min. lang kochen, aus dem Wasser nehmen, in Würfel schneiden und in einen Topf mit Öl, Colatura di Alici, Wein und der kleingeschnittenen Schalotte geben, aufkochen und ca. 10 Min. zusammen auf kleiner Flamme kochen lassen.

Die Zutaten für die Sauce außer dem Mehl zum Fleisch in den Topf geben, die Aprikosen achteln, hineingeben und zusammen aufkochen lassen. Nach ca. 10 Min. das Mehl mit etwas von dem Fond anrühren und den Fond damit binden. In einer Servierschüssel anrichten, etwas gemahlenen Pfeffer darüberstreuen und servieren.

Alle hier für den Nachtisch zusammengestellten Gerichte sind fleischlos (im Fall der Dinkel-Käse-Krapfen (S. 207) lässt sich das Schweineschmalz durch Frittieröl ersetzen).

Dulcia domestica
Gefüllte Datteln

(Apicius 7,13,1)

Vegetarisch (oder vegan)
Schwierigkeitsgrad: 3
Zubereitungszeit: 20 Min.

Zutaten für 4 Portionen
8 Datteln (frisch oder getrocknet, aber sonst unbehandelt)
4 Walnüsse oder 20 g Pinienkerne
1–2 EL Honig (oder Defrutum)

Zubereitung

Die Datteln der Länge nach aufschneiden, so dass die beiden Hälften zusammenbleiben, entkernen und mit Walnüssen, Pinienkernen oder Mandeln füllen. Den Honig in einer kleinen Pfanne auf mittlerer Flamme erhitzen, bis er beginnt, Blasen zu bilden. Die gefüllten Datteln in die Pfanne geben, häufig wenden und dabei aufpassen, dass die Füllung in den Datteln bleibt. Sobald der Honig beginnt, zu karamellisieren und sich bräunlich zu verfärben, die Pfanne vom Herd entfernen. Die Datteln herausnehmen, solange sie noch heiß sind, auf einem Tellerchen anordnen und servieren, sobald sie abgekühlt sind.

Die oben genannten Mengenangaben sind bewusst etwas knapp ge-halten. Bei Bedarf kann man seinen Gästen natürlich ein paar Datteln mehr gönnen.

In Italien trifft man gelegentlich auf moderne Interpretationen dieses alten Rezeptes. So kann man die Füllung (Walnüsse oder Pinienkerne) mit Mascarpone ergänzen und die Datteln statt mit karamellisiertem Honig auch mit Schokoglasur überziehen. Als Alternative zu Pinien-kernen sind auch Mandeln denkbar. Haselnüsse sind nicht ganz so empfehlenswert. Wenn man möchte, kann man die Pinienkerne oder Mandeln vor dem Füllen kurz in der Pfanne rösten.

Pepones et melones
Melonensalat

(Apicius 3,7)

Mit Fisch (oder vegan)
Schwierigkeitsgrad: 3
Zubereitungszeit: 90 Min.

Zutaten für 4 Portionen

½ Wassermelone und ½ Honigmelone, beide geschält, entkernt und gewürfelt
250 ml Passum
2 EL Balsamico-Essig
½ TL gemahlener Pfeffer
10 Blätter frische Minze, feingehackt (im Original Poleiminze)
1 TL Colatura di Alici (oder eine Prise Salz)

oder

1 kleine Wassermelone
2 EL Balsamico-Essig
2 EL Honig (oder Defrutum)
½ TL gemahlener Pfeffer
10 Blätter frische Minze, feingehackt (im Original Poleiminze)
1 TL Colatura di Alici (oder eine Prise Salz)

Zubereitung

Das Fruchtfleisch der Melone(n) entkernen und würfeln, mit den übrigen Zutaten mischen und mindestens 2 Stunden im Kühlschrank ziehen lassen.

Poleiminze ist eine Minzenart, die man nur schwer in Gewürzhandlungen findet. Zwar kann man sie leicht aus Samen selbst ziehen, aber ebenso lässt sie sich durch andere Minzenarten (z. B. frische Pfefferminze) ersetzen. Man sollte sich beim Einsatz von Poleiminze auch bewusst sein, dass diese Minzenart ein Gift, das Pulegon, enthält, so dass man Poleiminze sehr sparsam dosieren sollte.

Citrium
Zitronatzitrone

(Apicius 3,5)

Mit Fisch (oder vegan)
Schwierigkeitsgrad: 1
Zubereitungszeit: 10 Min.

Zutaten für 4 Portionen

1 Zitronatzitrone
1 EL Bergfenchel (Seseli montanum)
½ TL Asantpulver
1 TL getrocknete Minze
1 EL Weißweinessig
1 EL Colatura di Alici (oder ½ TL Salz)

Zubereitung

Die Zitronatzitrone schälen, so dass möglichst lange Streifen entstehen, und in dünne Scheiben schneiden. Aus den Gewürzen eine Marinade mischen, die Zitronatzitronenscheiben auf einem Teller anordnen, die Marinade darübergeben, mit der Zitronenschale und Bergfenchelblüten garnieren.

Das Schwierigste an diesem Rezept ist wahrscheinlich die Beschaffung des Bergfenchels. Evtl. kann man ihn durch normalen Fenchel ersetzen. Zitronatzitronen kann man inzwischen bei gut sortierten Onlinehändlern bestellen.

Patina de Persicis
Pfirsichpfanne

(Apicius 4,2,34)

Mit Fisch (oder vegan)
Schwierigkeitsgrad: 2
Zubereitungszeit: 30 Min.
Kochzeit: 15 Min. auf kleiner Flamme

Zutaten für 4 Portionen

4 feste Pfirsiche
1 EL Olivenöl
1 TL Colatura di Alici (oder eine Prise Salz)
1 EL Balsamico-Essig
1 EL Honig (oder Defrutum)
¼ TL gemahlener Pfeffer
½ TL gemahlener Liebstöckel
½ TL gemahlener Kumin (Kreuzkümmel)

Zubereitung

Die Pfirsiche kurz abbrühen, schälen, entkernen und in Achtel schneiden. In Wasser ca. 15 Min. lang kochen lassen. Die Kümmelsauce aus Colatura di Alici, Essig, Honig, Pfeffer, Liebstöckel und Kumin herstellen. Die Pfirsiche aus dem Wasser nehmen, gut abtropfen lassen und auf einer Platte anordnen. Das Olivenöl darüberträufeln, mit der Kümmelsauce übergießen und servieren.

Patina de Cidoneis
Quittenauflauf

(Apicius 4,2,37)

Mit Fisch (oder vegetarisch)
Schwierigkeitsgrad: 3
Zubereitungszeit: 60 Min.
Kochzeit: 30 Min. auf kleiner Flamme

Zutaten für 4 Portionen

3 Quitten (ca. 500–600 g)
1 Lauchstange
3 EL Honig
1 EL Colatura di Alici (oder ½ TL Salz)
2 EL Olivenöl
5 EL Defrutum

Zubereitung

Die Quitten schälen, das Kerngehäuse entfernen, das Fruchtfleisch kleinschneiden und zusammen mit dem gesäuberten
und kleingeschnittenen Lauch sowie den übrigen Zutaten in
einer tiefen Pfanne aufsetzen. Kurz aufkochen und auf kleiner Flamme kochen lassen, regelmäßig umrühren, bis die
Flüssigkeit fast ganz verschwunden ist, und servieren.

De Cydonite
Quittenkonfitüre

(Palladius 11,20,1[41])

Vegetarisch (oder vegan)
Schwierigkeitsgrad: 2
Zubereitungszeit: 80 Min.
Kochzeit: 60 Min. auf kleiner Flamme

Zutaten für 4 Portionen

3–4 Quitten
250 g Honig (oder Defrutum)
1 TL gemahlener schwarzer Pfeffer

Zubereitung

Die Quitten schälen, das Kerngehäuse entfernen und das Fruchtfleisch möglichst klein würfeln. Die Quittenstücke auf kleiner Flamme im Honig kochen, bis es auf etwa die Hälfte eingekocht ist, dabei langsam den Pfeffer unterrühren.

Aliter (De Cydonite)

Auf andere Art: Quittengelee

(Palladius 11,20,2[42])

Vegetarisch (oder vegan)
Schwierigkeitsgrad: 2
Zubereitungszeit: 80 Min.
Kochzeit: 60 Min. auf kleiner Flamme

Zutaten für 4 Portionen

400 ml frisch gepresster Quittensaft
300 ml (Balsamico-)Essig
400 g Honig (oder Defrutum)
20 g gemahlener schwarzer Pfeffer
20 g gemahlener Ingwer

Zubereitung

Den Quittensaft mit Essig und Honig einkochen, bis die Flüssigkeit so dickflüssig wie Honig wird. Dann Pfeffer und Ingwer unterrühren und gut mischen.

Das hier beschriebene Gelee ist durch Zugabe solch großer Mengen von Pfeffer und Ingwer sehr scharf gewürzt. Es erinnert vielleicht ein wenig an moderne Chutneys, die ihre Schärfe durch Zugabe von Chilischoten erlangen.

Globulos sic facito
Dinkel-Käse-Krapfen

(Cato, De agri cultura 79)

Mit Schwein (oder vegetarisch)
Schwierigkeitsgrad: 3
Zubereitungszeit: 60 Min.
Backzeit: 20 Min.

Zutaten für 4 Portionen

100 g Mehl (Dinkel- oder Weizenmehl)
100 g milder Frischkäse (z. B. Ricotta oder Quark)
1 EL flüssiger Honig
1 EL Mohnsamen
Zum Frittieren: Schweineschmalz (oder Frittieröl)

Zubereitung

Das Mehl und den Frischkäse zu einem Teig verkneten. Davon kleine Teigkugeln von ca. 2 cm Durchmesser formen. Das Schmalz bzw. Öl erhitzen und die Teigkugeln darin langsam frittieren, bis sie goldbraun sind, herausnehmen, zuerst in Honig, dann in Mohnsamen wälzen und servieren. Die Menge ergibt ca. 40 »Globuli«.

Wichtig ist, die Kugeln nicht zu groß zu machen, da sie andernfalls beim Frittieren innen roh bleiben.

Auch heute gibt es ähnliche Zubereitungen, z. B. für Quarkbällchen.

Savillum sic facito
Käseauflauf

(Cato, De agri cultura 84)

Vegetarisch
Schwierigkeitsgrad: 3
Zubereitungszeit: 60 Min.
Backzeit: 30 Min.

Zutaten für 4 Portionen

50 g Weizenmehl (Type 405)
250 g Frischkäse (z. B. Quark oder Ricotta)
25 g Honig
1 Ei
ca. 1 EL Honig, um den fertigen Kuchen zu bestreichen
1 EL Mohnsamen
1 EL Olivenöl

Zubereitung

Mehl und Frischkäse mit Honig und Ei zu einer glatten Masse verrühren, die Backform mit Olivenöl einfetten, die Masse hineinfüllen und ca. 30 Min. bei 180°C zugedeckt im Backofen backen. Nach dem Herausnehmen mit Honig bestreichen und mit Mohnsamen bestreuen, in den heißen Backofen zurückstellen und ca. 15 Min. ziehen lassen.

Die Zusammensetzung Mehl, Frischkäse, Honig und Ei findet sich häufig in wechselnden Proportionen in Catos Mehlspeisenrezepten. Wichtig ist, dass diese Rezepte sehr präzise Mengenangaben enthalten, wobei die Mengen durchweg für eine größere Anzahl von Speisenden gedacht sind. Das »Savillum« wöge, würde man es gemäß Catos originalen Gewichtsangaben zubereiten, nach dem Backen über 1 kg und wäre damit nach heutigen Maßstäben sicherlich als Nachspeise für 12–20 Portionen ausreichend.

Pultem Punicam sic facito
Punischer Brei

(Cato, De agri cultura 85)

Vegetarisch
Schwierigkeitsgrad: 3
Zubereitungszeit: 60 Min.
Kochzeit: 60 Min.

Zutaten für 4 Portionen

50 g Dinkelgraupen
150 g Frischkäse (z. B. Ricotta oder Quark)
25 g Honig
1 Ei

Zubereitung

Die Dinkelgraupen über Nacht in Wasser einweichen und in
ungesalzenem Wasser ca. 30 Min. lang kochen, bis sie die ge-
wünschte Konsistenz haben, mit dem Frischkäse, Honig und
Ei mischen, nochmals kurz aufkochen und servieren.

*Im originalen Rezept steht nur im einleitenden Satz, dass das Gericht
gekocht werden soll.*

Dulcia (1)
Süße Weißbrothäppchen

(Apicius 7,13,2)

Vegetarisch
Schwierigkeitsgrad: 3
*Zubereitungszeit: 30 Min. (90 Min., wenn die Mostbrötchen erst herge-
stellt werden müssen)*

Zutaten für 4 Portionen

4 große Mostbrötchen
200 ml Milch
4 EL Honig
½ TL gemahlener schwarzer Pfeffer

Zubereitung

Die Mostbrötchen (vgl. S. 223) schälen und in die Milch geben, bis sie sich vollgesogen haben. Die Mostbrötchen auf ein Backblech geben und im vorgeheizten Backofen bei 180 °C etwa 20 Minuten lang erhitzen, dann herausnehmen und mit Honig beträufeln. Mit einer Nadel oder spitzen Gabel in die Brötchen hineinstechen, bis sie den Honig aufgenommen haben. Mit Pfeffer bestreuen und servieren.

Dulcia (2)
Frittierte Weißbrotstückchen

(Apicius 7,13,3)

Vegetarisch
Schwierigkeitsgrad: 2
Zubereitungszeit: ca. 30 Min.

Zutaten für 4 Portionen

4 große weiße Brötchen (z. B. Kaisersemmeln) oder ½ Kastenweißbrot
200 ml Milch
ausreichend Öl zum Frittieren
4 EL Honig

Zubereitung

Die Schale der Brötchen entfernen, die Krume in Scheiben schneiden oder in größere Stücke brechen und in die Milch geben, bis sie sich vollgesogen haben. Die Stücke daraufhin in Öl frittieren, bis sie goldgelb sind, herausnehmen, mit Honig beträufeln und servieren.

Dieses Rezept erinnert an »Arme Ritter«, die bereits im Mittelalter beliebt waren. Auch in diesem Klassiker wird eingeweichtes Weißbrot gebraten, um dann mit etwas Süßem (heute z. B. Vanillesauce) serviert zu werden.

Dulcia (3)
Römische Crescentine

(Apicius 7,13,6)

Vegetarisch
Schwierigkeitsgrad: 3
Zubereitungszeit: ca. 30 Min.

Zutaten für 4 Portionen

200 g Weizenmehl (Type 405)
200 ml Milch
200–400 ml Öl zum Frittieren
2–3 F.L Honig
ein wenig gemahlenen Pfeffer

Zubereitung

Die Milch kurz aufkochen lassen, das Mehl langsam hineinrühren, bis die Masse fest wird und sich vom Topf löst. Vom Feuer nehmen, das übrig gebliebene Mehl hineinkneten und einen Teig herstellen, der so fest wie Nudelteig und nicht mehr klebrig sein sollte. Den Teig möglichst dünn ausrollen, in quadratische oder rechteckige Stücke schneiden (ca. 5 × 5 cm). Das Öl in einer tiefen Pfanne erhitzen. Wenn das Öl heiß genug ist (ein kleines Stückchen Teig sollte darin innerhalb von einigen Sekunden goldgelb backen), die Teigstücke hineingeben und mehrmals wenden, bis sie auf beiden Seiten goldgelb sind. Beim Frittieren sollten sich die Teigstücke aufblähen. Sobald sie fertig gebacken sind, herausnehmen, das Öl gut abtropfen lassen und auf eine Platte legen. Vor dem Servieren mit Honig beträufeln und ein wenig gemahlenen Pfeffer darüberstreuen.

Dieses Rezept findet sich noch heute in Italien in einer meist salzigen Variante und wird in der Umgebung von Bologna als »Crescentine« bezeichnet. Ebenfalls ähnlich sind die Sfrappole, bei denen es sich um eine Art Nudelteig handelt, der frittiert und dann mit Puderzucker bestreut wird. Um das römische Rezept modern zu interpretieren, kann man die frittierten Teigstücke mit Puderzucker statt wie bei den Römern mit Honig bestreuen. Auch in anderen Kulturen sind ähnlich zubereitete Gerichte bekannt wie z. B. das indische Puri.

Tiropatina
Eierpudding

(Apicius 7,13,7)

Vegetarisch
Schwierigkeitsgrad: 3
Zubereitungszeit: 40 Min.
Kochzeit: ca. 30 Min. im Backofen

Zutaten für 4 Portionen

350 ml Milch
4 Eier
4 EL Honig (moderne Version: 3 EL Zucker)
eine Prise gemahlener Pfeffer

Zubereitung

Milch mit Eiern und Honig verquirlen, die Mischung in eine feuerfeste Glasschüssel geben (im originalen Rezept in eine Tonkasserolle) und im vorgeheizten Backofen bei 180°C ca. 30 Min. lang backen. Wenn es fertig ist, auf Tellerchen verteilen, ein wenig gemahlenen Pfeffer darüberstreuen und servieren.

Tiropatina bedeutet eigentlich so etwas wie Käseauflauf (von griech. τυρός ›Käse‹), was es bei Apicius aber nicht ist, da der Käse fehlt. Stattdessen haben wir ein Rezept für eine Art Creme Patisserie bzw. die spanische »Natillas de Huevo« – ja, so etwas gab es also schon im alten Rom und ist keine ureigene Erfindung der modernen Küche.

Ova sfongia ex lacte
Omelett

(Apicius 7,13,8)

Vegetarisch
Schwierigkeitsgrad: 2
Zubereitungszeit: 25 Min.
Kochzeit: 20 Min.

Zutaten für 4 Portionen

275 ml Milch
4 Eier
4 EL Olivenöl
1 EL Honig (moderne Version: 1 EL Zucker)
etwas Olivenöl zum Einfetten der Pfanne
eine Prise gemahlener Pfeffer

Zubereitung

Milch mit Eiern und Öl verquirlen. Etwas Öl in einer ausreichend großen Pfanne erhitzen, die Mischung in die Pfanne geben und auf kleiner Flamme backen. Sobald das Omelett auf einer Unterseite fertig gebacken und goldbraun ist, auf eine Platte stürzen, den Honig darüberträufeln, ein wenig gemahlenen Pfeffer darüberstreuen und servieren.

Bei diesem Rezept haben wir es mit einem Zwischending zwischen Rührei und Omelett in einer süßen Variante zu tun, also ein bisschen ähnlich den Crêpes, aber ohne Zugabe von Mehl, sondern nur mit Milch und Eiern.

Patina versatilis
Gestürzter Auflauf

(Apicius 4,2,2)

Mit Fisch (oder vegetarisch)
Schwierigkeitsgrad: 3
Zubereitungszeit: 60 Min.
Kochzeit: 30 Min. auf kleiner Flamme

Zutaten für 4 Portionen

400 g Pinienkerne, Walnüsse, Mandeln oder Haselnüsse
4 Eier
200 ml Milch
4 EL Honig
¼ TL gemahlener Pfeffer
2 TL Colatura di Alici (oder ¼ TL Salz)
1 EL Olivenöl

Zubereitung

Die Pinienkerne und Nüsse kurz in der Pfanne rösten und dann zerstoßen oder grob mahlen, danach Milch, Eier und die anderen Zutaten hinzugeben und zu einer glatten Masse verrühren, in eine ofenfeste Glasschüssel oder Kasserolle geben und im vorgeheizten Backofen bei 180°C ca. 30 Min. lang backen. Das fertig Gebackene auf einen Teller stürzen. Warm oder kalt servieren.

Patina de piris
Birnensoufflé

(Apicius 4,2,35)

Mit Fisch (oder vegetarisch)
Schwierigkeitsgrad: 3
Zubereitungszeit: 60 Min.
Kochzeit: 40 Min.

Zutaten für 4 Portionen

2–3 Birnen (ca. 500–600 g)
4 Eier
2 EL Honig
5 EL Vino Passito
1 EL Olivenöl
2 TL Colatura di Alici (oder ¼ TL Salz)
¼ TL gemahlener Pfeffer
¼ TL gemahlener Kumin (Kreuzkümmel)
etwas Pfeffer zum Bestreuen

Zubereitung

Die ganzen Birnen ca. 15 Min. in Wasser kochen, dann schälen, das Kerngehäuse entfernen, das Fruchtfleisch zerstampfen und mit den Eiern sowie den übrigen Zutaten verquirlen. Die Masse in eine ofenfeste Glasschüssel oder Kasserolle geben und bei 180°C im Backofen ca. 30 Min. lang backen. Nach dem Herausnehmen mit Pfeffer bestreuen und servieren.

Alternativ kann dieses Gericht auch in der Pfanne auf sehr kleiner Flamme als eine Art Birnencreme zubereitet werden, wie man es im mittelalterlichen *Liber de Coquina* (4,6) findet. Dabei muss man unbedingt darauf achten, dass es nicht anbrennt.

Ähnliche Rezepte findet man auch in modernen Kochbüchern als Birnensoufflé.

Libum

Käsefladen

(Cato, De agri cultura 75)

Vegetarisch
Schwierigkeitsgrad: 3
Zubereitungszeit: 80 Min.
Kochzeit: 40 Min. bei 180° C im Ofen

Zutaten für 4 Portionen

500 g Frischkäse (am besten gesalzener Käse, z. B. griechischer Feta)
ca. ½ TL Salz, falls ungesalzener Käse verwendet wird
150 g Weizenmehl (Type 405)
1 Ei
20 ganze (am besten frische) Lorbeerblätter

Zubereitung

Den Frischkäse in einer Schüssel zerstampfen, so dass keine Klumpen bleiben, das Mehl hinzufügen und mit dem Käse mischen, das Ei hineingeben und den Teig gut verkneten. Die Lorbeerblätter auf einem Backblech oder in einer ausreichend großen Schüssel auslegen, aus dem Teig einen ca. 2 cm dicken Fladen formen und auf die Lorbeerblätter legen. Den Fladen bedecken und ca. 40 Min. bei 180°C im Backofen backen.

Amulum
Pudding

(Cato, De agri cultura 87)

Vegetarisch
Schwierigkeitsgrad: 3
Zubereitungszeit: 10 Tage
Kochzeit: 10 Min.

Zutaten für 4 Portionen

200 g Weizen (ganze Körner)
Wasser
500 ml Milch
6 EL Honig, Brombeerhonig oder Defrutum oder 8 EL Passum oder
Mulsum

Zubereitung

Herstellung der Weizenstärke: Die Weizenkörner in ein Gefäß geben und mit reichlich Wasser übergießen, so dass sie gut bedeckt sind, das Wasser zehn Tage lang täglich zweimal wechseln. Nach zehn Tagen das Wasser abgießen. Die Masse gut auspressen, den Schleim durch ein sauberes Leinentuch auf einen tiefen Teller pressen. Dasselbe noch einmal wiederholen und den Teller zum Trocknen an die Sonne stellen.

Zubereitung des Puddings: Die fertige Weizenstärke in einen Topf geben, kurz mit Milch und evtl. Honig oder Defrutum aufkochen und auf Schüsselchen verteilen. Vor dem Servieren evtl. abkühlen lassen. Alternativ zur Zugabe von Honig vor dem Kochen kann der fertige Pudding auch mit 2 EL Passum oder Mulsum pro Schüssel gesüßt werden.

Alternativ zu der recht aufwendigen eigenen Herstellung der Weizenstärke kann man natürlich auch fertige Weizenstärke verwenden. Cato erwähnt kein Süßungsmittel, aber etwas Honig oder etwas Ähnliches hinzuzufügen, ist sicherlich legitim.

Placentam / Scriblitam sic facito
Käse-Honig-Kuchen / Käsekuchen

(Cato, De agri cultura 76/78)

Vegetarisch
Schwierigkeitsgrad: 4
Zubereitungszeit: 90 Min.
Backzeit: im vorgeheizten Backofen ca. 30 Min. bei 180 ° C

Zutaten für 4 Portionen

150 g Weizenauszugsmehl (Type 405)
70 ml Wasser
1–2 EL Olivenöl
20 ganze und möglichst frische Lorbeerblätter
außerdem benötigt man eine kleine Backform (Auflaufform oder
Kasserolle), am besten mit Deckel

Für die Füllung der »Placenta« (Käse-Honig-Kuchen):

300 g milder Schafsfrischkäse (z. B. Schaf-Ricotta)
100 g Honig

Für die Füllung der »Scriblita« (Käsekuchen):

300 g gesalzener Frischkäse (z. B. griechischer Feta)

Zubereitung

Aus Mehl und Wasser einen einfachen Teig herstellen und
gut verkneten. Den Teig dann in 5 Teile teilen: Für den Boden
wird ein Viertel abgeteilt, den Rest teilt man in vier gleiche
Teile. Die Teigstücke sehr dünn in der Form ausrollen, die
man für die Backform benötigt, und zum Trocknen auf eine
Tischplatte legen (die Teigstücke dazu auf Ober- und Unterseite ein wenig bemehlen, damit sie nicht hängenbleiben).
Das Teigblatt für den Boden etwas größer als die anderen ausrollen.

Für die Füllung der »Placenta« den Schafsfrischkäse mit dem Honig verrühren, bis eine glatte Masse entstanden ist. Für die »Scriblita« den Käse zerstampfen, um daraus eine glatte Masse zu machen.

Jetzt die Teigblätter mit Olivenöl bepinseln. Die Backform am Boden mit Lorbeerblättern belegen, die dafür sorgen, dass man den Kuchen nachher gut aus der Form lösen kann. Das Teigblatt hineinlegen, das für den Boden vorgesehen ist. Darauf ein Viertel der Füllung geben. Darauf das nächste Teigblatt legen, wieder ein Viertel der Füllung daraufgeben usw. Den Kuchen mit dem letzten Teigblatt bedecken und an den Rändern schließen, danach in den vorgeheizten Backofen stellen (evtl. zudecken) und ca. 30 Min. bei 180 °C backen.

Das originale Rezept für »Scriblita« entspricht dem der »Placenta« bis auf den fehlenden Honig. Da die Scriblita daher nicht eigentlich süß ist, empfiehlt es sich, dafür einen gesalzenen Käse zu verwenden.

Spiram sic facito
Zopfkuchen

(Cato, De agri cultura 77)

Vegetarisch
Schwierigkeitsgrad: 4
Zubereitungszeit: 120 Min.
Backzeit: 45 Min.

Zutaten für 4 Portionen

150 g Weizenmehl (Type 405)
70 ml Wasser
1–2 EL Olivenöl
300 g milder Schafsfrischkäse (z. B. Schaf-Ricotta)
100 g Honig
20 ganze und möglichst frische Lorbeerblätter

Zubereitung

Aus Mehl und Wasser einen einfachen Teig herstellen und gut verkneten. Den Teig in vier gleiche Teile teilen. Das Teigstück für den Boden dünn ausrollen. Die Backform mit Olivenöl auspinseln, die Lorbeerblätter auf dem Boden verteilen und auf diese die Bodenteigplatte legen.

Für die Füllung den Schafsfrischkäse mit dem Honig verrühren, bis eine glatte Masse entstanden ist.

Die übrigen drei Teile Teig zu langen Strängen formen, diese vorsichtig zu einem Zopf flechten und ringförmig auf den Boden legen. Die Füllung in die Mitte geben und gut verstreichen.

Den Kuchen in den vorgeheizten Backofen geben und bei 180 °C ca. 45 Min. backen.

Encytum sic facito
Striebele

(Cato, De agri cultura 80)

Mit Schwein (oder vegetarisch)
Schwierigkeitsgrad: 3
Zubereitungszeit: 60 Min.
Backzeit: 20 Min.

Zutaten für 4 Portionen

100 g Mehl (Dinkel- oder Weizenmehl)
50 g milder Frischkäse (z. B. Ricotta oder Quark)
50 ml Schmand oder Crème fraîche
1 EL flüssiger Honig
Zum Frittieren: Schweineschmalz oder Frittieröl

Zubereitung

Das Mehl mit Frischkäse und Sahne zu einem Teig verrühren. Der Teig sollte nicht fest, sondern eher zähflüssig sein. Falls er zu fest ist, etwas Sahne hinzufügen. Das Schmalz bzw. Öl erhitzen. Den Teig in einen Trichter geben und ins heiße Öl laufen lassen. Den Teigfluss durch Zuhalten des Loches immer wieder unterbrechen, damit die Teigstücke nicht zu lang werden. Im Öl lassen, bis die Teigstücke goldgelb sind, dabei öfter wenden, herausnehmen, mit Honig beträufeln und servieren.

Interessant ist, dass ein ähnliches Rezept auch im Liber de Coquina aus dem 13. Jahrhundert zu finden ist und bis heute in moderner Fassung als Striebele überlebt hat.

Statt die Teigstücke mit Honig zu beträufeln, kann man sie in einer modernen Version natürlich auch mit Puderzucker bestreuen.

Panis Picentinus
Pizentinisches Brot

(Plinius, Naturalis Historia 106[43])

Vegetarisch
Schwierigkeitsgrad: 3
Zubereitungszeit: 10 Tage
Backzeit: 60 Min.

Zutaten für 4 Portionen

600 g Dinkelgraupen
250 ml Caroenum

Für die Honigmilch:

500 ml Milch
3 EL Honig

Zubereitung

Die Dinkelgraupen 10 Tage lang in Wasser einweichen. Dabei das Wasser öfters wechseln. Am zehnten Tag das Wasser abgießen, die Dinkelgraupen zerstampfen und mit Caroenum zu einem Teig verarbeiten, in eine ofenfeste Glasschüssel oder Tonkasserolle geben, zudecken und bei 200°C ca. 60 Min. lang backen. Nach dem Backen abkühlen lassen und mit Honigmilch zum Tunken servieren.

Zur Herstellung der Honigmilch den Honig in die Milch geben, die Milch auf kleiner Flamme unter ständigem Rühren erwärmen (nicht zum Kochen bringen!), bis sich der Honig vollständig aufgelöst hat. Die Milch vom Herd nehmen und kühl stellen.

Plinius schreibt, dass man das pizentinische Brot nur eingeweicht aß. Nach seiner Beschreibung muss es sehr fest gewesen sein. Es heute in einem passenden Tontopf zu backen, der dann während des Backvorgangs wegen der Ausdehnung des Brotes durch den entstehenden Wasserdampf bersten soll, ist sicherlich etwas schwierig. Man kann es jedoch zum Backen in einen Backschlauch oder ein Gefäß geben, das vom Teig fast ausgefüllt wird.

Mustacei
Mostbrötchen

(Cato, De agri cultura 121)

Mit Schwein (oder vegetarisch)
Schwierigkeitsgrad: 3
Zubereitungszeit: 90 Min.
Backzeit: im vorgeheizten Backofen ca. 30 Min. bei 180° C

Zutaten für 4 Portionen:

250 g Weizenauszugsmehl (Type 405)
10 g Hefe

150 ml Traubensaft
50 g milder Schafskäse (gewürfelt)
1 EL Aniskörner
1 TL gemahlener Kumin (Kreuzkümmel)
50 g weißes Schweineschmalz (oder Margarine)
10 ganze und möglichst frische Lorbeerblätter

Zubereitung

Aus Mehl, Traubensaft und Hefe einen Hefeteig herstellen.
Die übrigen Zutaten hinzugeben und verkneten. Den Teig
mit allen Zutaten ca. 2 Std. gehen lassen. Ein Backblech mit
Backpapier bedecken und ca. 10 Lorbeerblätter darauf anordnen. Aus dem Teig so viele Laibchen formen, wie man Lorbeerblätter auf dem Backblech angeordnet hat, die Laibchen
auf die Lorbeerblätter legen und ca. 30 Min. bei 180°C im vorgeheizten Backofen backen.

Die Hefe taucht im ursprünglichen Rezept nicht auf, allerdings er-
wähnt Palladius an einer Stelle, dass man für Mostbrötchen eine Art
Hefe- oder Sauerteig verwendet[44]. Es empfiehlt sich, die Mostbrötchen
zum Backen in einem modernen Elektroofen mit Hefeteig zuzuberei-
ten, da sie sonst zu hart werden können.

Cena I – Menü 1 (vegan)

Zwar liebten die Römer Schweinefleisch und Grillbraten, aber bereits der am Anfang zitierte Brief von Plinius dem Jüngeren (S. 44) liefert den Beweis, dass es auch nahezu fleischlos ging. Die Zahl der römischen Gerichte, die weder Fleisch noch Eier oder Milchprodukte enthalten, ist größer, als man zuerst denken möchte. Einige davon bilden unser veganes erstes Menü. Wenn man auf jegliche tierische Produkte verzichten will, sollte man allerdings mit Defrutum statt Honig süßen und Salz statt Colatura di Alici verwenden:

Vorspeise

- Kopfsalat mit Oxygarum-Dressing (Oxygarum digestibilem, Apicius 1,34; vgl. S. 69).
- Vorspeise von Aprikosen (Gustum de praecoquiis, Apicius 4,5,4; vgl. S. 80).

Hauptspeise

- Minestrone (Tisanam Farricam, Apicius 4,4,2; vgl. S. 93).
- Statt Salzfisch (Aliter vice salsi, Apicius 9,13,2; vgl. S. 95).

Beilagen

- Lauch mit Waldbeeren (Aliter porros (2), Apicius 3,10,3; vgl. S. 169).
- Erbsen (Pisum, Apicius 5,3,1; vgl. S. 174)

Nachspeise

- Melonensalat (Pepones et melones, Apicius 3,7; vgl. S. 202).
- Gefüllte Datteln (Dulcia domestica, Apicius 7,13; vgl. S. 201).

Cena II – Menü 2 (fleischlos)

In einigen dieser – immer noch fleischlosen – Rezepte sind bereits Eier und Milchprodukte enthalten. Wer darauf also nicht ganz verzichten möchte, aber dennoch eine fleischlose römische Mahlzeit gestalten will, wird in der römischen Küchenliteratur genügend Material finden.

Vorspeise

- Weichgekochte Eier (In ovis apalis, Apicius 7,19,3; vgl. S. 84).
- Vorspeise von Kürbissen (Gustum de cucurbitas, Apicius 3,4,1; vgl. S. 77).

Hauptspeise

- Erbsentopf à la Commodus (Concicla Commodiana, Apicius 5,4,4; vgl. S. 188).
- Eierwürstchen (Botellum sic facies, Apicius 2,3,2; vgl. S. 96).

Beilagen

- Gemüsezwiebeln (Bulbos, Apicius 7,14,2; vgl. S. 175).
- Rote Beten (Betas, Apicius 3,11,1; vgl. S. 169).

Nachspeise

- Römische Crescentine (Dulcia, Apicius 7,13,6; vgl. S. 211).
- Pudding mit Defrutum (Amulum, Cato, *De agri cultura* 87; vgl. S. 218).

Cena III – Menü 3 (mit Fisch)

Ausgehend von den Rezepten des Apicius ist es – bis auf die Nachspeise – leicht möglich, ein komplettes Menü aus Fischrezepten zusammenzustellen. Die folgenden Menüvorschläge vermitteln einen Eindruck der römischen Vorliebe für Fisch und Meeresfrüchte:

Vorspeise

- Fischpfanne (Patina de pisciculis, Apicius 4,2,30; vgl. S. 86).
- Miesmuscheln (In mitulis, Apicius 9,9; vgl. S. 88).

Hauptspeise

- Gefüllter Bonito (Sarda farsilis, Apicius 9,10,1; vgl. S. 105).
- Gebratene Fische (Pisces frixos, Apicius Exc. 9; vgl. S. 109).

Beilagen

- Linsen mit Lazarusklappern (Lenticulam ex sfondilos, Apicius 5,2,1; vgl. S. 189).
- Champignons (Boletos fungos, Apicius 7,15,4; vgl. S. 177).

Nachspeise

- Pfirsichpfanne (Patina de Persicis, Apicius 4,2,34; vgl. S. 204).
- Dinkel-Käse-Kräpfchen (Globulos sic facito, Cato, *De agri cultura* 79; vgl. S. 207).

Cena IV – Menü 4 (mit Fisch)

Vorspeise

- Lucretiuspfanne (Patina Lucretiana, Apicius 4,2,25; vgl. S. 85).
- Langusten und Riesengarnelen (Locustam et scillas, Apicius Exc. 17; vgl. S. 89)

Hauptspeise

- Erbsen auf indische Art (Pisum Indicum, Apicius 5,3,3; vgl. S. 98).

- Schollenauflauf (Patina soliarum, Apicius Exc. 19; vgl. S. 100).

Beilagen

- Linsen mit Kastanien (Lenticulam de castaneis, Apicius 5,2,2; vgl. S. 172).
- Lotuswurzeln (In colocasio, Apicius 7,17; vgl. S. 182).

Nachspeise

- Omelett (Ova sfongia ex lacte, Apicius 7,13,8; vgl. S. 213).
- Frittierte Weißbrotstückchen (Dulcia, Apicius 7,13,3; vgl. S. 210).

Cena V – Menü 5 (mit Fleisch)

Natürlich waren auch Geflügel, Schweine- und Rinderbraten gerne gesehene Zutaten auf der römischen Tafel. Die folgenden beiden Menüzusammenstellungen sollen dies verdeutlichen, ohne jedoch der sinnlosen Völlerei zu huldigen:

Vorspeise

- Kräutersalat (Herbae rusticae, Apicius 3,16; vgl. S. 79).
- Weinbergschnecken (Cochleas, Apicius 7,18,2; vgl. S. 92).

Hauptspeise

- Hähnchen mit flüssiger Füllung (Pullus fusilis, Apicius 6,9,15; vgl. S. 123).

Beilagen

- Karottensalat (Aliter caroetas (1), Apicius 3,21,2; vgl. S. 162).
- Brokkoli (Cymas, Apicius 3,9,1; vgl. S. 157).
- Kürbisse auf alexandrinische Art (Cucurbitas more Alexandrino, Apicius 3,4,3; vgl. S. 155).

Nachspeise

- Gestürzter Auflauf (Patina versatilis, Apicius 4,2,2; vgl. S. 214).
- Birnensoufflé (Patina de piris, Apicius 4,2,35 ; vgl. S.215).

Cena VI – Menü 6 (mit Fleisch)

Vorspeise

- Spiegeleier mit Oenogarum (Ova frixa, Apicius 7,19,1; vgl. S. 82).
- Vorspeise von Gemüse (Gustum de holeribus, Apicius 4,5,2; vgl. S. 90).

Hauptspeise

- Kalbsbraten (Vitellina fricta, Apicius 8,5,1; vgl. S. 133).

Beilagen

- Rosenkohl oder Blumenkohl (Culiculi elixati – Variante 3, Apicius 3,9,6; vgl. S. 158).
- Gekochte Rote Beten auf andere Art (Aliter betas elixas, Apicius 3,11,2; vgl. S. 170).
- Linsen auf andere Art (Aliter lenticulam, Apicius 5,2,3; vgl. S. 173).

Nachspeise

- Eierpudding (Tiropatina, Apicius 7,13,7; vgl. S. 212).
- Punischer Brei (Pultem Punicam sic facito, Cato, De agri cultura 85; vgl. S. 209).

Cena VII – Menü 7 (mit Fleisch)

Vorspeise

- Hartgekochte Eier (Ova elixa, Apicius 7,19,2; vgl. S. 83).
- Kräuterkäse (Hypotrimma, Apicius 1,33; vgl. S. 81).
- Knetbrot (Panis depsticius, Cato, *De agri cultura* 74; vgl. S. 154).

Hauptspeise

- Gefüllter Hase (Leporem farsum, Apicius 8,8,3; vgl. S. 151).

Beilagen

- Karotten in Kümmelöl (Aliter caroetas (2), Apicius 3,21,3; vgl. S. 163).
- Lauch mit Pflaumen (Aliter porros (1), Apicius 3,10,2; vgl. S. 168).

Nachspeise

- Pizentinisches Brot mit Mulsum (Panis Picentinus, Plinius, *Naturalis Historia* 106; vgl. S. 222).
- Quittenauflauf (Patina de Cidoneis, Apicius 4,2,37; vgl. S. 205).

ANHANG

Anmerkungen

1   s. *Liber de Coquina*, 10,9: Torta de lassanis.
2   s. Varro, *De Lingua Latina*, 5,111.
3   Columella 12,39,1–4.
4   »L.« verweist auf Carl von Linné, dessen Verzeichnisse aus dem 18. Jahrhundert der modernen botanischen Nomenklatur zugrunde liegen.
5   Plinius d. Ä., *Naturalis Historia*, 15,74–75.
6   Bei den »Geoponika« handelt es sich um ein Landwirtschaftskompendium, das im 10. Jahrhundert in Konstantinopel entstanden ist.
7   Apicius 1,28.
8   s. z. B. Martial, *Epigramme* 7,78; 9,14; 12,17.
9   s. Plinius, *Naturalis Historia*, 10,133.
10 Apicius, *De re coquinaria*, 4,2,12.
11 Columella, *De re rustica*, 12,36: »Vinum roratum«.
12 Horaz, *Sermones* 1,3,6–7.
13 Martial, *Epigramme* 3,50.
14 Originaltext: »Mulsum optimum sic facies: Mustum lixivum de lacu statim tollito. Hoc autem erit, quod destillaverit, antequam nimium calcetur uva; sed de arbustivo genere, quod sicco die legeris, id facito. Conicies in urnam musti mellis optimi pondo x et diligenter permixtum recondes in lagonam eamque protinus gypsabis iubebisque in tabulatum poni. Si plus volueris facere, pro portione, qua supra, mel adicies. Post vicensimum et alterum diem lagonam aperire oportebit et in aliud vas mustum eliquatum oblinire atque in fumum reponere.« (»Mache das beste Mulsum folgendermaßen: Entnimm den ersten Most sofort der Kufe. Das aber wird der sein, der heraustropft, bevor die Trauben zu sehr zerstampft werden, aber mach es von den oben an den Stöcken wachsenden, die du an einem trockenen Tag gelesen hast. Gib zu einen Krug Most [13,1 l] zehn Pfund [3,27 kg] besten Honig und fülle es, wenn es gut durchmischt ist, in einen Glasballon, vergipse sie und lass sie ins Lager stellen. Wenn du mehr herstellen willst, füge nach dem Verhältnis wie oben Honig hinzu. Nach 21 Tagen ist es nötig, die Flasche zu öffnen und den vergorenen Most in ein anderes Gefäß abzuziehen und in den Rauch zu stellen.«)
15 Originaltext: »De rosato: Quinque libras rosae pridie purgatae in vini veteris decem sextariis merges et post triginta dies decem despumati mellis libras adicies et uteris.« (»Rosenwein: Gib fünf Pfund am

Vortag geputzte Rosenblüten zu zehn Sextaren alten Weines und füge nach 30 Tagen zehn Pfund abgeschäumten Honig hinzu und verwende es.«)

16 Da die Zutaten aus den Angaben in der lat. Quelle für einen Liter Rosenwein in moderne Angaben umgerechnet wurden, ergeben sich gelegentlich etwas krumme Zahlen.

17 Originaltext: »Rosatum sine rosa fieri: ... Folia citri viridia sporta palmea missa in musti nondum ferventis vase depones et claudes et exemptis quadraginta diebus melle addito ad modum rosati, cum placebit, uteris.« (»Rosenwein ohne Rosen: Gib grüne Blätter des Zitronenbaums in einem Körbchen aus Palmbast in das Gefäß mit dem noch nicht gärenden Most und entferne sie nach 40 Tagen, füge Honig wie bei Rosenwein hinzu und verwende es, wann du willst.«)

18 Originaltext: »Vinum roratum sic facies: ... Mustum coicies in amphoram novam et inplebis ad summum. Tum adicies ramulos roris marini aridi lino colligatos; sed patieris una defervescere per dies septem. Deinde eximes ramulorum fasciculum, et purgatum diligenter vinum gypsabis. Sat erit autem roris marini sesquilibram in duas urnas musti adicere. Hoc uino post duos menses possis pro remedio uti.« (»Rosmarinwein: Gib den Most in eine neue Amphore und fülle sie bis zum Rand. Dann gib trockene und mit einem Faden zusammengebundene Rosmarinzweige dazu; lasse es zusammen sieben Tage gären. Dann nimm das Büschel Zweige heraus und vergipse den sorgfältig gereinigten Wein. Es reicht aber, eineinhalb Pfund Rosmarin zu zwei Urnen Most hinzuzufügen.«)

19 Originaltext: »De defruto, caroeno, sapa: Nunc defrutum, caroenum, sapam conficies. Cum omnia uno genere conficiantur ex musto, modus his et virtutem mutabit et nomina. Nam defrutum a defervendo dictum, ubi ad spissitudinem fortiter despumarit, effectum est, caroenum, cum tertia perdita duae partes remanserint, sapa, ubi ad tertias redacta descenderit, quam tamen meliorem facient cydonea simul cocta et igni subposita ligna ficulna.« (»Defrutum, Caroenum und Sapa: Nun wirst du Defrutum, Caroenum und Sapa herstellen. Da alles gleichermaßen aus Most gemacht wird, bestimmt die Art der Herstellung sowohl die Vorzüge als auch die Namen. Denn Defrutum leitet sich von ›defervere‹ – einkochen – ab und wird hergestellt, indem man ihn einkocht, bis er zähflüssig ist, Caroenum, wenn zwei Drittel übrig bleiben, Sapa, wenn man ihn auf ein Drittel reduziert. Sapa wird besser, wenn Quitten mitge-

kocht werden und man trockenes Feigenbaumholz für das Feuer verwendet.«)

20 Originaltext: »De passo: Leguntur ergo uvae passae quam plurimae et in fiscellis clausae iunco factis aliquatenus rariore contextu virgis primo fortiter verberantur. Deinde ubi uvarum corpus vis contusionis exoluerit, cochleae subposita sporta conprimitur. Hinc passum est, quicquid efluxerit, et conditum vasculo mellis more servatur.« (»Man liest also möglichst viele Trockenbeeren, und diese werden in Körbe aus Binsen mit größeren Löchern eingeschlossen und zunächst mit Ruten kräftig geschlagen. Danach wird der Korb unter der Kelter ausgepresst. Was dort hinausfließt, ist Passum, und es wird wie Honig in einem kleinen Gefäß aufbewahrt.«)

21 Originaltext: »Lora optima sic fieri oportet: Quantum vini uno die feceris, eius partem decimam, quot metretas efficiat, considerato, et totidem metretas aquae dulcis in vinaceos, ex quibus unius diei vinum expressum erit, addito. Eodem spumas defruti sive sapae et faecem ex lacu confundito et permisceto, eamque intritam macerari una nocte sinito. Postero die pedibus proculcato et sic permixtam prelo subicito. Quod deinde fluxerit, aut dolis aut amphoris condito et, cum deferbuerit, opturato.« (»Bester Tresterwein muss folgendermaßen gemacht werden: Gib so viel Süßwasser zum Trester, wie ein Zehntel des Weins, den du daraus gepresst hast, ausmacht. Dazu gib den Schaum des Defrutum oder der Sapa und den Bodensatz aus der Kufe und lass damit den Trester über Nacht einweichen. Stampfe ihn am nächsten Tag mit den Füßen und gib ihn so vermischt unter die Kelterpresse. Was dann herausfließt, das fülle in Fässer oder Amphoren und verschließe sie, sobald es vergoren ist.«)

22 Originaltext: »De oleo liliacio: Per olei libras singulas dena lilia curabis infundere et vas vitreum quadraginta diebus locare sub divo.« (»Lilienöl: Je Pfund Olivenöl zehn Lilien hineingeben und das Glasgefäß 40 Tage lang unter freiem Himmel lagern.«)

23 Originaltext: »De oleo roseo: In olei libras singulas rosae purgatae singulas uncias mellis mittis et septem diebus in sole suspendis et luna.« (»Rosenöl: Gib auf ein Pfund Olivenöl je ein Pfund geputzte Rosen und eine Unze Honig und hänge es sieben Tage lang in die Sonne und den Mond.«)

24 Originaltext: »De rodomeli: In suci rosae sextariis singulis libras singulas mellis admisces et diebus quadraginta sub sole suspendis.« (»Rosenhonig: Zu je einem Sextar Rosenwasser gibt man je ein Pfund Honig und hängt es 40 Tage lang in die Sonne.«)

25 Originaltext: »De hydromelli: Inchoantibus canicularibus diebus
    aquam puram pridie sumis ex fonte. In tribus aquae sextariis unum
    sextarium non despumati mellis admiscebis ac diligenter per care-
    narias divisum quinque horarum spatio continuo per investes pue-
    ros curabis agitare vasa ipsa concutiens. Tunc quadraginta diebus ac
    noctibus patieris esse sub caelo.« (»Honigwasser: Zu Beginn der
    Hundstage [23. 7. – 23. 8.] schöpfe am Vortag reines Quellwasser. Zu
    drei Sextaren Wasser mische einen Sextar nicht abgeschäumten Ho-
    nig und lasse es, sorgfältig auf Sirupgefäße aufgeteilt, fünf Stunden
    lang ununterbrochen durch noch nicht erwachsene Jünglinge durch-
    schütteln, wobei du die Gefäße aneinanderschlägst. Dann lass es
    40 Tage und Nächte unter freiem Himmel ruhen.«)

26 Originaltext: »De oenomelli: Mustum de maioribus et egregiis viti-
    bus post viginti dies, quam levatum fuerit ex lacu, quantum volue-
    ris, sumes et ei mellis non despumati optimi quintam partem prius
    tritam fortiter, donec albescat, admiscebis et agitabis ex canna radi-
    cata vehementer. Movebis autem sic per dies quadraginta continuos
    vel, quod est melius, quinquaginta, ita ut, cum moveris, mundo lin-
    teo tegas, per quod facile confectio aestuabunda suspiret. Post dies
    ergo quinquaginta munda manu purgabis, quodcumque supernata-
    bit. In vasculo gypso diligenter includis et ad vetustatem reseruas.
    Melius tamen, si in minora et picata vascula proximo vere transfun-
    das et gypsata diligenter operias et in terrena et frigida cella recondas
    vel arenis fluvialibus vel eodem solo vascula ex aliqua parte summer-
    gas.« (»Weinhonig: Nimm Most von den größeren und herausragen-
    den Weinstöcken 20 Tage, nachdem er aus der Kufe entnommen
    worden ist, und zwar so viel, wie du willst, und mische ein Fünftel
    besten nicht abgeschäumten Honig dazu und rühre es kräftig mit ei-
    nem abgeschnittenen Rohr um. Rühre es aber 40 oder besser noch
    50 Tage lang immer wieder um, und zwar so, dass du es, wenn du
    umgerührt hast, mit einem sauberen Leinentuch bedeckst, durch
    das die angesetzte Flüssigkeit atmen kann. Nach 50 Tagen also reini-
    ge mit sauberer Hand von allem, was darauf schwimmt. Verschließe
    es mit Gips in einem Gefäß und lagere es zum Altern. Besser ist je-
    doch, wenn du es im kommenden Frühling in kleinere und verpich-
    te Gefäße umfüllst und diese vergipst, sorgfältig verschließt und in
    einer kalten Kammer unter der Erde lagerst oder in Flusssand oder
    die Gefäße in demselben Boden an irgendeiner Stelle versenkst.«)

27 Originaltext: »De diamoro: Sucum mori agrestis paululum facies
    defervere. Tunc suci duas partes et unam mellis admiscebis et mixta

curabis ad pinguedinem mellis excoquere.« (»Brombeerhonig: Lass Brombeersaft ein wenig einkochen. Dann mische zwei Teile Saft zu einem Teil Honig und lass das Gemisch so lange einkochen, bis es zäh wie Honig ist.«)

28 Originaltext: »De embammate: In tres amphoras musti mittis aceti acris congium aut duplum, si non est acre. Et in olla, quae fert amphoras tres, decoquis ad palmum, id est ad quartas aut, si non est dulce mustum, ad tertias. Despumatur.« (»Salatdressing: Zu drei Amphoren [78,6 l] gib einen Congius [3,3 l] scharfen Essig oder doppelt so viel milden Essig. Und koche es in einem Kessel, der drei Amphoren fasst, bis zu einer Handbreit, d. h. bis auf ein Viertel oder, wenn der Most nicht süß ist, bis auf ein Drittel ein. Schäume ihn ab.«)

29 Originaltext: »De senapi: Senapis semen ad modum sextarii unius et semis redigere curabis in pulverem, cui mellis pondo quinque, olei hispani unam libram, aceti acris unum sextarium miscebis et tritis omnibus diligenter uteris.« (»Senf: Lasse eineinhalb Sextare Senfsaat zu Pulver mahlen, mische fünf Pfund Honig, ein Pfund spanisches Olivenöl und einen Sextar scharfen Essig dazu und verwende es, sobald es ordentlich verrührt ist.«)

30 Originaltext: »Columbades olivae fiunt sic. Alternis cratibus olivarum puleium sparges et mel et acetum et sales modice stratura intercedente suffundes.« (»Gewürzoliven macht man wie folgt: Auf jede einzelne Schicht von Oliven streust du Poleiminze und gießt Honig, Essig und maßvoll Salz.«)

31 Originaltext: »Electas olivas muria maturabis, post quadraginta dies muriam fundes universam: tunc duas defruti partes, aceti unam, mentam minute incisam vasculo adicies et olivas replebis, ut ius iusta infusione supernatet.« (»Lass ausgesuchte Oliven in Salzlake reifen. Nach 40 Tagen gieße die Salzlake ab. Dann gib zwei Teile Defrutum, einen Teil Essig und kleingehackte Minze in das Gefäß und fülle die Oliven damit auf, so dass sie von der Flüssigkeit bedeckt werden.«)

32 Originaltext: »›Olivae‹ igitur, cum iam nigruerint nec adhuc tamen permaturae fuerint, sereno caelo destringere manu convenit lectasque cribrare et secernere, quaecumque maculosae, vitiosae minorisve incrementi videbuntur. Deinde in singulos modios olivae salis integri ternas heminas adicere et in vimineos qualos confundere et, superposito copioso sale, ita uti olivam contegat, xl dies pati consudescere atque omnem amurcam extillare, postea in alveum diffun-

dere mundaque spongea salem, ne perveniat, detergere, tum in vas adicere et sapa vel defruto amphoram replere, superposito spissamento aridi faeniculi, quod olivam deprimat. Plerique tamen tres partes defruti aut mellis et unam miscent aceti, aliqui duas partes et unam aceti, et eo condiunt iure.« (»Es empfiehlt sich also, die Oliven, wenn sie schon schwarz geworden, aber noch nicht überreif sind, bei klarem Himmel mit der Hand abzuzupfen und sie dann zu sieben und auszusortieren, welche fleckig, fehlerhaft oder zu klein erscheinen. Dann zu jedem Scheffel Oliven drei Schoppen Salz zu geben, sie in geflochtene Weinkörbe zu schütten und sie nach Zugabe von so viel Salz, dass die Oliven bedeckt sind, 40 Tage lang die gesamte Flüssigkeit ausschwitzen zu lassen, sie danach in ein Becken zu schütten und das Salz mit einem Schwamm abzuwischen, sie dann in ein Gefäß zu geben und die Amphore mit Sapa oder Defrutum aufzufüllen und sie mit einem Ballen trockenen Fenchels zu bedecken, der sie nach unten drückt. Die meisten mischen dennoch drei Teile Defrutum oder Honig mit einem Teil Essig, andere zwei Teile mit einem Teil Essig, und würzen sie mit dieser Sauce.«)

33   Wörtl.: Sauce für Thunfisch.

34   Wörtl.: Für gesottene Fische.

35   Jean Bockenheim, *Das Registrum Coquine des Johannes von Bockenheim* im Ms. BNF Latin 7054, Monumenta Culinaria in der Gießener Elektronischen Bibliothek,
     http://geb.uni-giessen.de/geb/volltexte/2013/9337/

36   Wörtl.: Sauce für jedes gekochte Fleisch.

37   Wörtl.: Sauce für gekochtes Fleisch.

38   Wörtl.: Sauce für Koteletts.

39   Petronius, Satyricon 49.

40   Plinius, *Naturalis Historia*, 18,107: »Pistores Romae non fuere ad Persicum usque bellum annis ab urbe condita super DLXXX. Ipsi panem faciebant Quirites, mulierumque id opus maxime erat, sicut etiam nunc in plurimis gentium.« (»Bäcker gab es in Rom bis zum Krieg gegen Perseus nicht, nämlich bis zum Jahr 580 Jahre seit Gründung der Stadt. Brot buken die Senatoren selbst, und es war besonders Aufgabe der Frauen, wie auch jetzt bei den meisten Völkern.«)

41   Originaltext: »De cydonite: Abiecto corio mala cydonea matura in brevissimas ac tenuissimas particulas recides et proicies durum, quod habetur interius. Dehinc in melle decoques, donec ad mensuram mediam revertatur, et coquendo piper subtile consperges.« (»Quittenkonfitüre: schneide die geschälten, reifen Quitten in mög-

lichst kurze und dünne Stückchen und entferne die harten Teile aus dem Inneren. Koche sie dann in Honig ein, bis das Ganze auf die Hälfte reduziert ist, und streue beim Kochen gemahlenen Pfeffer hinein.«)

42 Originaltext: »De cydonite aliter: Suci cydoneorum sextarios duos, aceti sextarium unum semis et mellis duos sextarios miscebis ac decoques, donec tota permixtio pinguedinem puri mellis imitetur. Tunc triti piperis atque zingiberis binas uncias miscere curabis.« (»Quittengelee: Mische 2 Sextare Quittensaft, anderthalb Sextare Essig und 2 Sextare Honig und koche es ein, bis die ganze Mischung so dickflüssig wie Honig wird. Mische dann je zwei Unzen gemahlenen Pfeffer und Ingwer dazu.«)

43 Originaltext: »Panis Picentinus: Durat sua Piceno in panis inventione gratia ex alicae materia. Eum novem diebus maceratum decumo ad speciem tractae subigunt uvae passae suco, postea in furnis ollis inditum, quae rumpantur ibi, torrent. Neque est ex eo cibus nisi madefacto, quod fit lacte maxime mulso.« (»Picentinisches Brot: Für Pizenum [in der Gegend von Ancona] dauert der Ruhm durch die Erfindung einer Brotsorte aus Dinkelgraupen an. Sie weichen diese 9 Tage lang ein, verkneten sie am 10. Tag mit Rosinensaft zu einem festen Teig und backen ihn im Ofen in Tongefäßen, die dabei bersten. Verspeisen kann man es nur eingeweicht, was am besten in Honigmilch geschieht.«)

44 Palladius, *Opus Agriculturae*, 11,21.

Weiterführende Literatur zur römischen Küche

Cato d. Ä.: De agri cultura / Über die Landwirtschaft: Lat./Dt. Übers. und hrsg. von Hartmut Froesch. Stuttgart 2009.

Das römische Kochbuch des Apicius. Vollständige zweispr. Ausgabe. Hrsg., übers. und komm. von Robert Maier. Stuttgart 1991.

Hans-Peter von Peschke / Werner Feldmann: Kochen wie die alten Römer. 200 Rezepte nach Apicius, für die heutige Küche umgesetzt. Zürich 1995.

Petron: Das Gastmahl des Trimalchio / Cena Trimalchionis. Übers. und hrsg. von Konrad Müller und Wilhelm Ehlers. Oldenburg 2002.

Marcus Junkelmann: Panis Militaris. Die Ernährung des römischen Soldaten oder der Grundstoff der Macht. 3. Aufl., Mainz 2006.

Helmut Schareika: Die alten Römer bitten zu Tisch, Weizenbrei und Pfauenzunge. Darmstadt 2007.

Jutta Meurers-Balke und Tünde Kaszab-Olschewski: Grenzenlose Gaumenfreuden: Römische Küche in einer germanischen Provinz. 3. Aufl., Mainz 2010.

Rezeptverzeichnis

Vegan

Bohnen- bzw. Kichererbsensalat 166

Brokkoli, Blumenkohl oder Rosenkohl 157

Champignons 177

Damit sich Maulbeeren lange halten 75

Damit sich Rüben lange halten 76

Damit sich Trauben lange halten 74

Eingelegte Oliven 71, 72

Gekochte Rote Beten auf andere Art 170

Gewürzoliven 73

Hauswein 60

Kamillenöl 62

Karotten in Kümmelöl 163

Karottensalat 162

Knetbrot 154

Lilienöl 61

Rosen- und Veilchenwein 54

Rosenöl 62

Rosmarinwein 56

Salatdressing 66

Schwarze Oliven 73

Traubensirup 57

Tresterwein 59

Trockenbeerenmost oder -wein 57

Vegan, wenn Fischsauce und Honig ersetzt werden

Beilage für die Verdauung 164

Champignons auf andere Art 178, 179

Erbsen 174

Essiggarum 69

Gebratene Karotten 161

Gemüsezwiebeln 175

Grüne Dicke Bohnen (Puffbohnen) bzw. Bajanische Bohnen 166

Gurkensalat auf andere Art 156

Kalte Sauce nach Apicius 70

Kleine gekochte Kohlköpfe 158

Kräutersalat 79

Kürbispfanne 78

Kürbisse auf alexandrinische Art 155

Kürbisse nach Art von Lotuswurzeln 181

Lasersauce 67

Lauch mit Pflaumen 168

Lauch mit Waldbeeren 169

Linsen auf andere Art 173

Linsen mit Kastanien 172

Lotuswurzel 182

Melonensalat 202

Minestrone 93, 164

Pfirsichpfanne 204

Rote Beten 169

Schwarzkohlpfanne 171

Statt Salzfisch 95

Trüffel 179

Vorspeise aus Aprikosen 80

Vorspeise aus Kürbissen 77

Weiches Gemüse auf andere Art 160

Zitronatzitrone 203

Zubereitung von reifem Lauch 167

Vegetarisch

Brombeerhonig 65
Damit sich Quitten lange
    halten 75
Eierpudding 212
Frittierte Weißbrotstückchen 210
Honigwasser 64
Honigwein 53
Käseauflauf 208
Käsefladen 217
Käse-Honig-Kuchen / Käse-
    kuchen 219
Omelett 213
Pizentinisches Brot 222
Pudding 218
Punischer Brei 209
Römische Crescentine 211
Rosenhonig 63
Süße Weißbrothäppchen 209
Weinhonig 64
Weizenmilchbrei 183
Zopfkuchen 220

Vegetarisch (oder vegan)

Damit sich Quitten lange halten
    75
Damit sich Rüben lange halten
    76
Eingelegte Oliven 72
Gefüllte Datteln 201
Paradoxer Gewürzwein 58
Quittengelee 206
Quittenkonfitüre 205
Rosenöl 62
Rosen- und Veilchenwein 54
Rosenwein 55
Rosenwein ohne Rosen 55
Senf 67
Soldatenlimonade 60

Vegetarisch, wenn Fischsauce ersetzt wird

Birnensoufflé 215
Endivien 161
Erbsentopf à la Commodus 188
Gemüsezwiebeln auf andere
    Art 176
Gestürzter Auflauf 214
Augenbohnen oder Kichererbsen
    auf andere Art 184
Hartgekochte Eier 83
Holunderbeerenomelett 187
Kräuterkäse 81
Quittenauflauf 205
Soufflé 185
Spargelauflauf 186
Spiegeleier 82
Warmes und kaltes Brennnessel-
    soufflé 81
Weichgekochte Eier 84

Vegetarisch, wenn Schmalz ersetzt wird

Dinkel-Käse-Krapfen 207
Mostbrötchen 223
Striebele 221

Mit Fisch und Meeresfrüchten

Bonito 107, 190
Eine Art Schollenauflauf bzw.
    Omelett mit Schollenfilets
    99, 100
Erbsen auf indische Art 98
Fische in Weinsauce 103
Fische mit Weinsauce 102
Fischfrikassee 97
Fischpfanne 86
Für alle Arten von Schalentieren
    87

Gebratene Fische   109
Gebratener Fisch   101
Gefüllter Bonito   105
Gegrillte Fische   110
Gesottener Fisch mit Sauce   111
Kümmelsauce für Austern und andere Muscheln   68
Langusten und Riesengarnelen   89
Linsen mit Lazarusklappern   189
Lucretiuspfanne   85
Meerbarben in Dillsauce   104
Miesmuscheln   88
Thunfisch mit Sauce   108

Mit Geflügel

Ente   116
Hähnchen à la Fronto   121
Hähnchen à la Varius   120
Hähnchen im Milchbrei   121
Numidisches Hähnchen   118

Mit Schweinefleisch

Eierwürstchen   96
Erbsentopf à la Apicius   114
Frikassee à la Matius   196
Frikassee mit Aprikosen   199
Gefüllte Schweinelendchen   127
Gegrilltes Wildschwein mit heißer Sauce   130
Gegrilltes Wildschwein mit heißer Sauce auf andere Art   131
Koteletts mit Sauce   144
Leberknödel in Wursthaut   91
Lukanische Würstchen   137
Marinade für Grillbraten   126
Marinierter Schweinekrustenbraten   141
Schinken in Ölteig   128

Schweinerollbraten à la Apicius   124
Spanferkel mit Koriandersauce   148
Vorderschinken mit Mostbrötchen   129

Mit Lamm oder Rind

Einfaches Lamm (gekocht)   150
Gedünstetes Zicklein oder Lamm auf andere Art   135
Geschälte Gurken auf andere Art   191
Gekochtes Fleisch mit Sauce   143
Gekochtes Kalbfleisch   134
Kalbsbraten   133
Zicklein oder Lamm roh zubereitet   149

Mit verschiedenen Fleischsorten

Erbsenauflauf   112
Fleischklöße in Wursthaut   140
Fleischwürste   136
Frikassee à la Terenz   194
Gartenspanferkel   146
Gefüllter Hase   151
Gekochtes Fleisch mit Sauce   142
Hackbraten   139
Hähnchen gefüllt mit Erbsentopf   117
Hähnchen mit flüssiger Füllung   123
Hase mit würziger Sauce   152
Lasagne à la Apicius   192
Weinbergschnecken   92
Süßes Frikassee mit Zitronatzitronen   197
Vorspeise aus Gemüse   90

Register

Aceto Balsamico 65, 102, 66, 74, 145

Agnum simplicem 150

Ahornsirup 22

Alexander der Große 21

alexandrinisch 20, 149, 156

Alica 20

Aliter (De Cydonite) 206

Aliter betas elixas 170

Aliter Bulbos 176

Aliter caroetas 162, 163

Aliter cucumeres 156

Aliter cucumeres rasos 191

Aliter faseolus sive cicer 184

Aliter in aprum assum iura ferventia 131

Aliter lenticulam 173

Aliter olus molle 160

Aliter porros 168, 169

Aliter tisanam 164

Aliter vice salsi 95

Alkohol 32, 58

Allec 24, 25

Aluminiumfolie 106

Amalfi 17, 24

Amulum 218

Aniskörner 224

Anthimus 25

Äpfel 196, 197

Apicius 11, 18, 19, 21, 22, 24, 27, 28, 30, 46, 47, 233, häufig in den Rezepten

Aprikosen 80, 199, 200, 225

Arme Ritter 211

Asant 12, 29, 67, 69, 83, 84, 92, 94, 102, 116, 119, 126, 141, 143, 151, 152, 155, 156, 165, 172, 174, 196, 198

Asantpulver 68, 77, 203

asiatische Küche 12, 21, 30

Athene 26

Aubergine 32

Auflaufform 186, 193, 195, 198, 219

Augenbohnen 23, 167, 184

Austern 29, 43, 44, 68, 189, 190

Avocado 32

Bäcker 183

Backpapier 106, 224

Banane 32

Barbe 44

Basilikata 19

Basilikum 175

Bauchfleisch 118, 125

Bergfenchel 203, 204

Bertram 126

Birnen 215

Birnencreme 215

Birnensoufflé 215, 216, 229

Blumenkohl 157, 158, 159, 229

Blütenblätter 54, 55, 63

Bohnen 23, 166, 167, 184

Bohnen- bzw. Kichererbsensalat 166

Bohnenkraut 85, 86, 88, 110, 120, 121, 131, 138, 151, 153, 171, 186

Boletos aliter 178, 179

Boletos fungos 177

Bologna 17, 212

Bonito 105, 106, 107, 190, 227

Botellum 96

Bratbeutel 118

Bratwurst 18, 113, 114, 115, 117, 138, 146

Brennnesselblätter 82

Brennnesseln 82

Brennnesselsoufflé 81
Brokkoli 157, 158, 228
Brombeeren 76, 169
Brombeergelee 66
Brombeerhonig 65, 218, 237
Brombeersaft 65, 66, 237
Brot 44, 140, 154, 183, 211, 222, 223, 230, 238, 239
Brötchen 140, 210, 211
Buchenholz 91, 138
bulbi 20
bulbos 175, 176, 226
Butter 33, 36, 42

Caesar 43
careum 27
caricae 23
cariotae 22
caroenum 24, 52, häufig in den Rezepten
caroetae frictae 161
caroetas 162, 163, 228, 230
Cato (der Ältere) 11, 23, 26, 46, 60, 61, 71, 110, 154, 183, 207, 208, 209, 217, 218, 219, 220, 221, 223, 226, 227, 229, 230
Cena Trimalchionis (Gastmahl des Trimalchio) 48, 147
cepae 20
cepulae 20
cerebellum 30
Cetara 17, 24
Champignons 177, 178, 179, 227
Champignonstengel 179
Chili(schoten) 36, 207
Chutney 207
cicer 166, 184
citrium 21, 203
Claudius (Kaiser) 47

cochleas 92, 228
Colatura di Alici 13, 17, 24, 25, 26, 51, 52, 225, häufig in den Rezepten
colocasium 21
Columella 19, 36, 47, 53, 54, 56, 58, 59, 66, 73, 233
concicla 115
concicla Commodiana 188, 226
conciclam Apicianam 114, 115
conditum paradoxum 58
Crema di Balsamico 66
Crème fraîche 221
Crescentine 17, 211, 212, 226
cucumeres 156, 192
cucumeres rasos 191
cucurbita 22, 77, 78, 226, 228
cucurbitas iure colocasiorum 181
cucurbitas more Alexandrino 155
culiculi elixati 158, 229
cuminatum 68
cuminum 27
de cydonite 205, 206, 238, 239
cymas 157, 228
cyperum 22

dactyli 22
Dattelhonig 22
Dattel(n) 22, 58, 59, 81, 102, 108, 110, 111, 112, 119, 144, 145, 146, 147, 151, 153, 155, 156, 190, 191, 201, 202, 225
Dattelpalmen 22
Dattelsirup 22, 112, 177
Dattelwein 22
De agri cultura 11, 46, häufig in den Rezepten
De re coquinaria 46
De Re Rustica 47

Defrutum   24, 51, 52, 225, 226, 234, 235, 237, 238, häufig in den Rezepten
defrutum, caroenum, sapa   24, 57, 234
Denar   26, 40, 41, 42
Dessertwein   19, 27
Destillation   32
diamoron   65, 236
Dicke Bohnen   23, 166
Dill   102, 105, 110, 115, 116, 121, 137, 141, 153, 175, 188
Dillsauce   104
Dillspitzen   93, 148, 153, 165, 200
Dinkel   20, 158, 207, 221, 227
Dinkelgraupen   209, 222, 223, 239
Dinkelgrieß   123, 124
Dinkelgrütze   165
Dinkelmehl   20
Dressing   66, 79, 156, 157, 161, 162, 163, 168, 225
Drossel   43
Duftrosen   54, 55
dulcia   18, 209, 210, 211
dulcia domestica   201, 225

Ei   12, 30, 42, 44, 45, 51, 225, 226, 230, häufig in den Rezepten
Eidotter   89, 96, 107, 110, 111
hartgekochte Eier   83
weichgekochte Eier   84
Eiernudelteig   18
Eierpudding   212, 229
Eierwürstchen   96, 226
Einmachglas   66, 72, 73, 74, 75, 76
Eischnee   33
Eiweiß   33, 113, 114, 120, 132
embamma   66, 161, 237
encytum sic facito   221
Endivien(salat)   66, 161

Ente   30, 42, 44, 116, 117
epityrum   71
Erbsen   93, 94, 98, 99, 113, 114, 115, 117, 118, 165, 174, 175, 188, 225, 227
Erbsenauflauf   112
Erbsentopf   114, 117, 188, 226
Erdbeeren   169
Erdmandel   22, 125, 126
Erdnuss   33
Essig   19, 44, 237, 238, 239, häufig in den Rezepten
Essiggarum   69
et sicium   139
Euter   44, 194

faba   23
fabaciae virides et Baianae   166
Falerner   41
Fasan   42
faseoli virides et cicer   166
faseolus   23, 184
Feigen   23, 128, 129, 130
Feigendrosseln   43
Feldsalat   79
Fenchel   94, 127, 165, 184, 204, 238
Fenchelblätter   71, 93, 165, 184
Fenchelsalat   69
Fenchelsamen   93, 94, 127, 165
Ferula assa-foetida   29
Feta   217, 219
Fettnetz   140, 141
fici   23
Fisch   24, 29, 51, 86, 101, 109, häufig in den Rezepten
Fischfilet   97, 101, 102, 103, 104, 105, 109, 111, 112, 193
Fischfond   97
Fischfrikassee   97

248   Register

Fischplatte   43
Fischsalat   191
Fischsauce   12, 17, 52
Flamingo(zungen)   30
Flaschenkürbis   22, 33, 77, 78
Fleisch   29, häufig in den
   Rezepten
Fleischbrühe   114, 143, 144, 194,
   195, 196, 197, 199
Fleischwolf   91, 96, 137, 138
Flohkraut   28
Frikassee   194, 195, 196, 197, 199
Frischkäse   207, 208, 209, 217,
   219, 221, 222
Frittieröl   201, 207, 221
Frühlingszwiebeln   97
Füllung   106, 118, 123, 124, 146,
   147, 148, 151, 152, 193, 201, 202,
   219, 220, 221, 228

Gans   30, 42, 70
Gänsebräter   152
Gärballon   53, 56, 59, 61, 63
Gartenbohne(n)   33
Gartenkürbis   22, 33
Garum   17, 24, 25, 26, 44, 51
Gebärmutter   44
Gebratener Fisch   101, 109
Geflügel   30, 43, 44, 45, 51,
   häufig in den Rezpten
Gelierzucker   66
Gemüse   45, häufig in den
   Rezepten
Gemüsezwiebel   21, 90, 146, 147,
   153, 175, 176, 177, 226
Geoponika   24, 233
Gerstengraupen   93, 94, 129, 130
Gerstengrütze   165
Gewürzwein   58
Gienmuscheln   43

Giraffe   30
Glasballon   233
Glasform   114
Glasgefäß   235
Glaskasserolle   121
Glasschüssel   118, 128, 154, 185,
   186, 213, 214, 215, 223
globulos sic facito   207, 227
Goldbrasse   97
Goldpreis   40, 41, 42
granea triticea   183
Grapefruit   38
Grill(rost)   118, 125, 127, 147
Grillbraten   126, 225
Grillpfanne   92
Grüne Bohne   33
Grütze   44, 159
Gurke   21, 156, 157, 191, 192
gustum   45
gustum de cucurbitas   77, 226
gustum de holeribus   90, 229
gustum de praecoquis   80, 225

Hackbraten   139
Hackfleisch   80, 30, 123, 124, 136,
   137, 139, 140, 151, 194, 195, 198
Hackfleischbällchen   115
Hackfleischwürfel   194, 195, 198,
   199
haedinam sive agninam excalda-
   tam   135
haedus sive agnus crudus   149
Hähnchen   30, 37, 42, 117, 118, 119,
   120, 121, 122, 123, 124, 146, 147,
   228
Hähnchenbrust   193
Hähnchenschenkel   90
Hase   29, 44, 51, 151, 152, 153, 230
Haselnüsse   202, 214
Hauptgericht   43

Hauswein   60
Hecht   44
Hefe   53, 54, 56, 59, 61, 65, 154,
    223, 224
Hefeteig   17, 224
Heidelbeeren   169
herbae rusticae   79, 228
Himbeeren   169
Hirn   30, 139, 192
Holunderbeeren   187
Honig   12, 18, 24, 25, 26, 27, 51,
    225, 233, 234, 235, 236, 237, 238,
    239, häufig in den Rezepten
Honigersatz   51
Honigmelone   202
Honigmilch   222, 223, 239
Honigwasser   64, 75, 236
Honigwein   44, 53
Horaz   43, 233
Hühnerbrühe   122
Hühnerbrust   113
Hühnerei   42
Hühnerleber   90
Hummer   44
Hüte von Champignons   178
hydromelli   64, 236
hypotrimma   81, 230

in anate   116
in aprum assum iura ferven-
    tiu   130, 228
in colocasio   182
in piscibus elixis   111
Indien   28, 35, 38
indische Kostuswurzel   126
indische Lotusblume   21
indische Wasserrose   21
indischer Lorbeer   87, 88
Ingwer   113, 114, 117, 118, 123, 126,
    206, 207, 239

Innereien   45
intuba   161
isicia omentata   140
Italien   17, 19, 22, 23, 24, 27, 31, 34,
    35, 36, 202, 212
iura ferventia   130, 131
ius frigidum Apicianum   70
ius in copadiis   144
ius in elixam   143
ius in elixam omnem   142
ius in tinno   108

Kabeljau   85
Kaffee   34
Kaffirlimettenblätter   56
Kaisersemmeln   210
Kakao   34
Kaki   34
Kalbfleisch   134, 135
Kalbsbries   30, 52, 113, 123, 139,
    191, 192, 194, 198
Kamillenöl   62, 63
Kanarische Inseln   22
Karotten   142, 143, 144, 161, 162,
    163, 230
Karottensalat   162, 163, 228
Karthago   23
Kartoffel   12, 21, 34, 37
Käse   18, 81, 183, 201, 207, 213, 217,
    219, 220, 227
Käseauflauf   208, 213
Käsefladen   217
Kasserolle   82, 139, 142, 150, 186,
    188, 214, 215, 219
Kastanien   172, 173, 228
Kastanienmus   173
Kastenweißbrot   210
Keule vom Zicklein   135
Kichererbsen   93, 94, 165, 167,
    184

Kichererbsensalat 166
Kirsche 39
Kiwi 35
Knetbrot 154, 230
Kohl 94, 157, 159, 165, 172
Kohlensäure 60
Kohlsalat 157
Kokosnuss 35
Kopfsalat 69, 185, 225
Korbflasche 63
Koriander 12, 26, häufig in den
    Rezepten
Korianderblätter 113, 127, 146,
    147, 148, 158, 159, 165, 166
Koriandersamen 101, 102, 119,
    172, 173, 189, 196, 198
Kräuter 79, 102, 103
Kräutersalat 79, 228
Kräutersenf 112
Kreuzkümmel (Kumin) 27,
    häufig in den Rezepten
Kriekente 44
Kuhbohne 23
Kumin s. Kreuzkümmel
Kümmel 27, 98, 99, 135, 164, 175
Kümmelöl 163, 230
Kümmelsauce 68, 78, 79, 204
Kürbis 21, 34, 44, 77, 78, 79, 155,
    156, 181, 182

Lachsforelle 110
laganum 18
Lamm 51, häufig in den
    Rezepten
Lammbries 113, 117, 123, 191
Lammfleisch 149, 150
Lammhirn 30, 52, 113, 117, 118, 123,
    124, 139, 191, 192, 194, 195, 198
Lammkoteletts 135, 136, 150
Landwein 41

Languste 89, 227
Langustenschwänze 89
Lasagne 18, 36, 192, 194
laser 29
laseratum 67
laserpicium 29
Lasersauce 67
Lauch 20, 23, 225, 230, häufig in
    den Rezepten
Lauchstange 12, 23, 88, 113, 121,
    147, 166, 167, 168, 169, 205
Lauchzwiebel 158, 159
Lauchzwiebeln 23, 97, 158, 159
Lazarusklappern 43, 189, 190,
    227
Lebensmittelpreise 41
Leber 91, 146, 147, 151
Leinensäckchen 54, 61, 63
Leinentuch 65, 218, 236
Leitungswasser 60, 74
Lende 127
lenticulam 173
lenticulam de castaneis 172
lenticulam ex sfondilos 189, 227
Lentulus 43
leporem conditum 152
leporem farsum 151
Liber de Coquina 35, 36, 38, 216,
    222
libum 217
Libyen 29
Liebstöckel 12, 26, 27, 28, häufig
    in den Rezepten
Liebstöckelblätter 132, 145
ligusticum 27
Likörwein 58
Lilienöl 61, 235
Limonen 21, 38
Linsen 93, 94, 165, 172, 173, 174,
    189, 190, 227, 228, 229

liquamen 13, 17, 24, 25, 51, 52
locusta 89
lora optima 59
Lorbeerblätter 58, 69, 91, 128, 217, 219, 220, 221, 224
Lorbeerfrucht 109, 126, 138, 141
Lotuswurzel(n) 21, 34, 181, 182, 228
Loukanika 19
Lucanica 18, 19
Lucanicae 19, 137
Luganega 18
Lukanien 19
Lukanische Würste 18, 19, 115, 117, 146
Lukanka 19
lumbuli 127

Macrobius 43
Maggikraut 27
Mais 35, 110
Maische 57
Majoran 28, 35
Makrelen 106, 107
mala Cydonia 75, 238
Malvenblätter 93, 94, 146
Mandarinen 38
Mandeln 131, 151, 201, 202, 214
Mandelstifte 145
Mango 35
Marinade 126, 141, 142, 203
Marsala 26, häufig in den Rezepten
Martial 29, 44, 69, 233
Mastixharz 58
Maulbeeren 75, 76
Mavrodaphne 58
Mayonnaise 111
Meerbarbe 29, 104

Meerbarbenfilet 104
Meereicheln 43
Meeresfrüchte 29, 51, 87, 88, 89, 98, 189, 227
Meersalz 25, 61
Meerwasser 61
Mehl häufig in den Rezepten
Mehlspeisen 17, 46, 208
mel 25
Melone 35, 39, 202, 203, 225
Mengenangaben 12, 13, 69, 82, 129, 187, 202, 208
Mentha pulegium 28
Miesmuscheln 87, 88, 227
Milch 17, 51, 120, 122, 151, 152, 183, 210, 211, 212, 213, 214, 218, 222, 223
Milchprodukte 51, 225, 226
Minestrone 93, 164, 225
minutal dulce ex citriis 197
minutal ex praecoquis 199
minutal marinum 97
minutal Matianum 196
minutal Terentinum 194
Minze 28, 52, 237, häufig in den Rezepten
Minzensamen 174
Mittelalter 22, 32, 36, 38, 95, 211
mituli 88, 227
Mohnsamen 207, 208
mora 75
Mörser 11, 68, 69, 70, 72, 82, 87, 106, 107, 111, 120, 125, 126, 132, 142, 156, 183
Most 19, 56, 58, 60, 61, 65, 233, 234, 236, 237
Mostbrötchen 129, 130, 209, 210, 223, 224
mulli anethati 104
mulsum 53, 54, 65, 218, 230, 233

Muscheln   68, 87, 190
Muschelsalat   88
Muskatnuss   36
mustacei   223
Myrtenbeeren   140

Nachtisch   43, 201
Nam Pla   52
Natriumhydrogencarbonat   160
Natron   93, 94, 160, 165, 171, 172,
   173
Naturalis Historia   20, 21, 47, 53,
   222, 230, 233, 238
Nektarinen   80
Nero di Seppia   98
nigrarum olivarum compositio   73
Norditalien   18, 19
Nudeln   36
Nudelteig   129, 211, 212
Nuoc-Mam   25, 52

Obst   45
oenogarum   26, 82, 83, 229
oenomelli   64, 236
ofellas Apicianas   124
ofellas Ostienses   141
Öl zum Frittieren   210, 211
Ölbaum   26
oleum   26
oleum chamaemelinum   62
oleum liliaceum   61, 235
oleum roseum   62, 235
olivae columbades   72, 237
olivae conditae   73, 237
Oliven   26, 44, 71, 72, 73, 74, 158,
   159, 237, 238
Olivenhain   26
Olivenöl   26, 47, 235, 237, sehr
   häufig in den Rezepten
Ölteig   128, 129

olus molle   160
Omelett   99, 100, 213, 214, 228
omentata isicia   91, 140
Opus agriculturae   47, 239
Orangen   38
Oregano   28, 35, häufig in den
   Rezepten
origanum   28
ova apala   84, 226
ova elixa   83, 230
ova frixa   82, 229
ova sfongia ex lacte   213, 228
oxygarum   44, 225
oxygarum digestibilem   69, 225

Palladius   47, 58, 65, 67, 72, 224,
   239, häufig in den Rezepten
Palmhonig   22
panis depsticius   154, 230
panis Picentinus   222, 230, 239
Papagei   30
Paprika   36
Passito di Pantelleria   27, 52, 58,
   117
Passito-Weine   58
Passum   19, 27, 51, 52, 235, häufig
   in den Rezepten
patella ex olisatro   171
patina   185
patina Apiciana   192
patina de asparagis   186
patina de Cidoneis   205, 230
patina de cucurbitas   78
patina de Persicis   204, 227
patina de piris   215, 229
patina de pisciculis   86, 227
*patina de sambuco calida et
   frigida*   187
patina Lucretiana   85, 227
patina solearum   99

patina soliarum   100, 228
patina urticarum   81
patina versatilis   214, 229
Peperoni   36
pepones et melones   202, 225
perna   128
petasonem ex musteis   129
Petersilie   28, 68, 78, 87, 126, 138,
   144, 145
Petronius   48, 147, 238
petroselinum   28
Pfeffer   12, 20, 26, 27, 28, 239, sehr
   häufig in den Rezepten
Pfeffer, weißer   113
Pfefferkörner   58, 95, 124, 126,
   137, 138, 140, 193
Pfirsich   204
Pflaumen   22, 149, 168, 230
Pilze   44
Pinienkerne   22, häufig in den
   Rezepten
piper   28, 238, 239
pisam farsilem   112
pisces assos   110
pisces frixos   101, 109, 227
pisces inotogonon   102, 103
pisum   174, 225
pisum Indicum   98, 227
pizentinisches Brot   44, 222, 223,
   230
placentam / scriblitam sic facito
   219
Plinius der Ältere   20, 21, 38, 47,
   183, 223, 230, 233, 238, s. auch in
   den Rezepten
Plinius der Jüngere   43, 44, 225
Poleiminze   28, 52, 72, 106, 156,
   172, 173, 176, 189, 202, 203, 237
porcellum coriandratum   148
porcellum hortolanum   146

porros   168, 169, 225, 230
porros maturos fieri   167
porrus   23
posca   60, 61
Poseidon   26
Poularde   43
Preisedikt des Diokletian   26, 40,
   41
Pudding   44, 218, 226
Puderzucker   18, 212, 222
puleium   28, 237
pullum Frontonianum   121
pullum Numidicum   118
pullus   42
pullus conciclatus   117
pullus fusilis   123, 228
pullus tractogalatus   121
pullus Varianus   120
pulmentarium ad ventrem   164
pultem Punicam sic facito   209
Purpurschnecken   43
Pute   37

Quallen   30, 31, 43, 98
Quark   207, 208, 209, 221
Quarkbällchen   207
Quitten   57, 75, 205, 206, 234, 238
Quittenauflauf   205, 230
Quittengelee   206, 239
Quittenkonfiture   205, 238
Quittensaft   206, 239

rapae   76
Raute   172, 181, 182, 190
Recioto di Valpolicella   58
Rehlenden   43
Reinzuchthefe   53, 55, 56, 59, 61,
   64
Reis   102, 110
Ricotta   207, 208, 209, 221

Riesengarnelen 89, 227
Rind   51, 134, häufig in den
    Rezepten
Rinderbraten 134, 228
Rinderbrust 142
Rinderhackfleisch 42
Rinderzunge 142
Rindfleisch 42, 142, 143, 144
rodomeli 63, 235
Rollbraten 149
Römertopf 115, 124, 130, 152
römisches Kochbuch 11, 18, 19,
    23, 26, 27, 45, 70, 79, 92, 95, 108,
    147, 149, 150, 175, 178, 187
römisches Pfund 40, 42
rosatum 54, 55
rosatum sine rosa 55, 234
Rosen 55, 234, 235
Rosenblüten 234
Rosenblütenblätter 62
Rosenhonig 63, 235
Rosenkohl 93, 94, 146, 157, 158,
    159, 165, 229
Rosenmet 63
Rosenöl 62, 235
Rosenwasser 55, 63, 235
Rosenwein 54, 55, 233, 234
Rosenwein ohne Rosen 55, 234
Rosinen 20, 81, 86, 108, 133, 134,
    148, 149, 158, 159, 170
Rosinenwein 19, 27
Rosmarin 36, 56, 234
Rosmarinwasser 56
Rosmarinwein 36, 56
Rosmarinzweige 56, 138, 234
Rost   111, 125, 127, 131, 132, 149
Rotbarsch 104, 111
Rote Beten 93, 94, 146, 147, 164,
    169, 170, 171, 226, 229
rote Rüben 44

Rotwein 54, 55, 56, 65, 131, 133,
    148, 152, 153
Rotweinessig 148
Rüben 76, 164
Rucola 79
ruta 28

Saflor 131
Safran 58
Sahne 36, 222
Salama da Sugo 115
Salami 18, 115, 117, 138
Salat 44, 79, 167, 185
Salatblätter 79
Salatdressing 19, 66, 69, 79, 163,
    237
Salatschüssel 157, 163
Salerno 24
Salz   13, 19, 24, 25, 51, 52, 225, 237,
    238, häufig in den Rezepten
Salzersatz 25
Salzfisch 85, 95, 225
Salzlake 73, 237
Salzwasser 68, 77, 79, 86, 87, 107,
    114, 159, 164, 168, 169, 171, 191
sapa 24, 52, 57, 60, 61, 76, 234,
    235, 238
sarda 105, 107
sarda farsilis 105, 227
sarda ita fit 190
Sardellen 24, 86, 97
Sardellenpaste 25, 106
Sardinen 97
Sarrazenenart 22
Satyricon 48, 147, 238
Saubohne 23, 33
Sauce, kalte 70
Sauerteig 154, 224
Saueuter 29, 43
savillum sic facito 208

Schaf-Ricotta   219, 220
Schafsfrischkäse   81, 219, 220, 221
Schafskäse   224
Schalentiere   87
Schalotte   21, 199, 200
Schinken   113, 128, 129, 130
Schinkenwürfel   194, 195
Schmand   221
Schmorgurken   156, 191, 192
Schnecken   43, 44, 45, 51, 92, 146
Schneckenhäuschen   92
Schnee   44
Schneebesen   122, 170, 186, 187,
   188, 192
Schnittlauch   21, 85, 86
Schnittlauchzwiebeln   21, 85
Schokoglasur   202
Scholle   101, 102, 103, 111
Schollenauflauf   99, 100, 228
Schollenfilet   99, 100, 101
Schüssel   79, 95, 124, 126, 142,
   152, 161, 165, 167, 177, 184, 191,
   193, 195, 197, 217, 218
Schwarte   124, 128, 129, 141, 142,
   196, 197
Schwarzkohl   171
Schwarzkohlpfanne   171
Schwein   44, 51, häufig in den
   Rezepten
Schweinebauch   113, 115, 117, 124,
   142, 193, 194
Schweinedarm   91, 96, 127, 128,
   137, 138
Schweinefleisch   42, 43, 115, 142,
   225
Schweinegulasch   113
Schweinehackfleisch   42, 115, 138
Schweinekoteletts   145
Schweineleber   90, 91
Schweinelende   127

Schweinenackensteaks   145
Schweinerippchen   142
Schweineschmalz   17, 201, 207,
   221, 224
Schweineschulter   141, 142, 196,
   197, 198, 199, 200
Schweinesteaks   126
scilla   89, 227
Seeigel   43, 44
Seelachs   97, 101, 102, 103
Sektflasche   63
Sellerie   146, 160
Sellerieknolle   147, 160
Selleriesamen   89, 112, 126, 131,
   132, 133, 135, 192
senapi   67, 237
Senf   67, 112, 153, 171, 237
Senfkörner   76, 111
Senfsaat   67, 171, 237
sepia   98, 99
Seppie in umido con piselli
   99
Servierschüssel   94, 174, 190, 199,
   200
Sextar   26, 41, 235, 236, 237
Sfrappole   17, 18, 212
Sherry   58
Sieb   84, 114, 163, 164, 167, 187
Silberzwiebeln   144
silphium   29
Sirup   24
Sizilien   21, 22
Softdrink   60
Sojabohne   37
Soldatenlimonade   60
Sommertrüffeln   180
Spanferkel   30, 70, 118, 146, 147,
   148, 149
Spanferkeleisbein   90
Spanferkelrollbraten   148

Spargel   43, 186
Speck   128, 138
Speisefolge   43
Speisestärke   häufig in den
    Rezepten
Speisezwiebel   20
Spelt   20
Spiegeleier   82, 229
Spieß   92, 111, 115, 118, 119, 125, 127,
    142, 147, 149, 180
spiram sic facito   220
Sprossen   158
Sprotten   97
Stabmixer   111, 156, 170
Stachelaustern   190
Stinkasant   29
Strauß   30
Striebele   221, 222
Sud   88, 96, 99, 107, 137, 152, 153,
    190
Suppe   45
Suppenfleisch   142, 143
Suppenhuhn   120, 122
Süßwasser   61, 235

Tee   37
Teufelsdreck   29
Theoderich der Große   25
Theophrast   21
Thunfisch   108, 109, 238
Thunfischfilet   108, 190, 191
Thymian   108, 131, 132, 171, 172,
    176, 177, 190
Tiberius (Kaiser)   11, 46
Tintenfisch   98, 99
Tintenfischtinte   98, 99
tiropatina   212, 213, 229
tisana farrica   93, 225
tisanam   164
Tomate   12, 37

Tonkasserolle   115, 121, 124, 128,
    130, 133, 213, 223
Tonschüssel   118, 154
tracta   98, 239
Trauben   19, 58, 74, 75, 233
Traubenmost   53, 54, 55, 56, 64,
    65, 66
Traubensaft   24, 25, 52, 57, 66, 74,
    122, 123, 145, 224
Traubensirup   12, 24, 57, 116
Trester   59, 235
Tresterwein   59, 235
Trockenbeeren   57, 235
Trockenbeerenauslese   27, 58
Trockenbeerenmost   57, 58
Trockenbeerenwein   57
Trockenpflaumen   20, 153, 168
Trüffel(n)   179, 180
Truthahn   37
tubera   179
Tuch   78, 143

Über die Kochkunst   46
uvae   74, 235, 239

Vanille   34, 37
Vanillesauce   211
Varro   19, 233
vegan   51, s. auch Rezepte
vegetarisch   51, s. auch Rezepte
Veilchen   54
Veilchenwein   54
vice salsi   95, 225
Vin Santo   19, 27, 52, 58, 70, 117,
    140, 187, 193, 199
Vino Passito   19, 215
vinum   53, 234, 235
vinum familiae   60
vinum roratum   56, 233, 234
violatium   54

vitellina fricta   133, 229
Vorderschinken   115, 129, 130
Vorspeise   43, 44, 45, 69, 77, 79,
    80, 90, 91, 92, 225, 226, 227, 228,
    229, 230
vulvulae esiciatae   136

Wachteln   146, 193, 194
Waldbeeren   169, 225
Walnüsse   95, 106, 151, 201, 202,
    214
Wasser   17, 24, 236, häufig in den
    Rezepten
Wassermelone   202
Weihrauchharz   96
Wein   26, 27, 41, 234, häufig in
    den Rezepten
Weinbeeren   57
Weinbergschnecken   92, 146, 228
Weinessig   60, 67, 143, 191, 196
Weingut   26
Weinhonig   64, 236
Weinraute   28, häufig in den
    Rezepten
Weinrautensamen   174
Weintrauben   27, 47, 74
Weißbrot   140, 211
Weißkohl   94
Weißwein   52, 54, sehr häufig in
    den Rezepten
Weißweinessig   69, 112, 203
Weißwurst   30, 123
Weizen   110, 183, 218
Weizenauszugsmehl   219, 223
Weizenbrei   183
Weizenbrötchen   140
Weizengrieß   123, 124
Weizenkörner   183, 218
Weizenmehl   17, 128, 154, 170,
    207, 208, 211, 217, 220, 221

Weizenmilchbrei   183
Wiesenkümmel   27, 98, 135
Wildschwein   29, 44, 130, 131
Wildschweinkeule   132
Wildschweinkopf   43
Wildschweinkoteletts   131
Wildschweinlenden   43
Wirsing(kohl)   93, 94, 146, 165
Wollwurst   30, 52, 113, 117, 139,
    191, 192, 194, 198
Wurst   18, 19, 96, 128, 138
Würstchen   91, 115, 117, 118, 137
Wursthaut   18, 91, 96, 115, 127, 137,
    138, 140, 141
Würzwein   151

zea   20
Zicklein   135, 136, 149
Ziege   51, 135
Ziegenfrischkäse   81
Zimt   38, 88
Zimtblatt   87
Zitronat   21
Zitronatzitrone   20, 21, 38, 197,
    198, 199, 203, 204
Zitronatzitronenbaum   56
Zitronen   38
Zitronenbaum   55, 56, 234
Zitrusfrüchte   21, 38
Zopfkuchen   220
Zucchini   33, 156, 157, 191, 192
Zucker   12, 25, 38, 51, 212, 213
Zuckerrohr   38
Zuckerrübe   38
Zunge   146, 147
Zwiebel   20, 44, häufig in den
    Rezepten
Zwiebelringe   90
Zypergräser   22